JN439171

교음명작신서 070

한국현대수필작가
대표작선집

최중호 수필선

노인의 선물

교음사

| 머리말 |

수필이란 나에게 참으로 묘한 인연이다. 고등학교 때까지만 해도 편지 한 장 제대로 쓰지 못했다. 그래 글을 써보기 위해 여러 해 동안 노력하였다. 그 결과 지난해까지 쓴 졸작을 모아 세 권의 수필집을 발간하였다. 그 졸작 중 좋다고 생각되는 31편을 골라 이번에 선집으로 발간하게 되었다.

글이란 내가 좋다고 해서 좋은 글이 아니다. 나는 좋지만 독자는 그렇게 생각하지 않을 수도 있다.

따라서 사람들에게 내가 쓴 수필 중 좋은 수필을 골라 보라 하면 내 생각과는 다른 글을 고를 때가 있었다. 사람마다 취향이 다르기 때문이다.

이번에 수필 선집을 발간하기 위해서 아내와 딸에게 세 권의 수필집 중 좋은 글을 선별해 달라 부탁하였다. 그 결과 좋아하는 글들이 서로 같을 때도 있었지만, 다를 때도 있었다.

그래 아내와 딸이 좋아하는 글에다 내가 좋아하는 글을 함께 엮어 보았다.

글이란 쓸 때는 나의 글이지만 인쇄해 세상에 내놓고 나면 나의 글이 아니다. 그때부터는 독자의 글이 된다. 이번에 발간하는 수필 선집이 독자한테 어떤 평가를 받을지 걱정이 된다.

끝으로 본 수필 선집을 발간할 수 있도록 주선해주신 강병욱 교음사 대표님과 류진 편집국장님께 감사의 말씀을 드린다.

2022. 7.

여강(如江) 최중호

한국현대수필작가 대표작선집

최중호 수필선

노인의 선물

▪ 차례

노인의 선물

장경각(藏經閣)에 핀 연꽃

팔만대장경이 폭파될 뻔했다는 사실을 알았다. 대장경이 만들어진 후 700여 년. 그동안 해인사에 많은 재난이 있었지만, 유독 대장경만이 그 위기를 넘길 수 있었던 것은 무슨 연유였을까?

신비의 대장경을 보기 위해 해인사로 갔다. 겨울철이라 산과 들도 진면목을 보이고, 길 또한 한가해서 유적을 둘러보고 감상하기엔 겨울이 제격인 듯싶었다.

해인사는 일주문 앞에서부터 축제 분위기였다. 얼마 전, 대장경이 세계문화유산으로 등록된 것을 봉축했던 연등과 깃발들이 그 여운을 함께 하고 있었다. 이제 대장경은 우리만의 것이 아니라, 세계인이 함께 자랑스럽게 보존해야 할 문화유산이 된 것이다.

우선 대적광전에 들러 배관(拜觀)한 후, 돌아 대장경이 모셔져 있는 장경각(藏經閣)으로 간다. 대적광전보다 높은 위치에 있는 장경각은, 대적광전에 모셔진 비로자나 부처님이, 법보(法寶)인 대장경을 머리에 이고 있는 형상이라 한다. 거미줄 한 번 친 적 없다는 장경각은 담으로 둘려 있었고, 다시 그 담을 담쟁이 넝쿨이 덮고 있어, 귀중한 법보를 모시는 곳이라 이중 수비를 하고 있는 것 같다.

그래서일까? 장경각 위론 새도 함부로 날지 않고, 안으론 들짐승 한 번 들어 온 적이 없다고 한다. 장경각 문으로 들어서니 대장경을 모신 첫 번째 건물인 수다라장(修多羅藏)*이 나왔다. 수다라장의 문은 여느 문하고는 달랐다. 열고 닫을 수 있는 문이 아니라, 판자를 범종 모양으로 둥글게 뚫어 통로로 사용하고 있었다.

대장경은 수다라장의 통로 양편에 모셔져 있었다. 하지만 사람이 출입할 수 없도록 막아 놓았기 때문에, 전시용으로 진열된 반야심경의 경판 한 장이, 8만 1천1백 34판의 대장경을 대신하고 있었다. 구양순체로 정성을 들여 새겨놓은 경판의 글자, 그 글자의 정교(精巧)함에 대해선 추사 김정희도, '이것은 사람이 쓴 것이 아니라, 신이 쓴 것이라.'며 감탄했다 하지 않았던가.

반야심경이 진열된 맞은편 통로에는 흑백 사진이 한 장 걸려 있다. 스님이 수다라장으로 들어서면서 합장하고 계신 모습인데, 그 앞에 한 송이 연꽃이 피어 있는 게 아닌가. 사람이 통행할 수 있도록 만든 통로 중앙에 연꽃이 피다니? 주위를 아무리 살펴봐도 통로에 연꽃이 필 만한 곳은 없었다. 사진에 나타난 연꽃은 어떻게 된 것일까?

의문의 연꽃은 친절하게 안내를 해주신 성상(性相) 스님한테서 쉽게 찾을 수가 있었다. 수다라장 통로에 있는 문은 입구를 판재로 고정해, 범종 모양으로 둥글게 뚫어낸 공간을 문으로 사용하고 있다. 따라서 둥근 모양의 문으로 들어온 햇빛과 바로 앞 담에 있는 기와지붕의 처마 그림자가 어우러져, 한 송이 연꽃을 피워 냈던 것이었다. 빛과 그림자가 함께 연출한 하나의 절묘한 걸작품이었다. 그 장면을 촬영해 그곳에 걸어 놓은 것이다. 하지만, 연꽃은 항상 피는 것이 아니라 일 년에 두 번 춘분과 추분에만 핀다는 것이었다.

서고에 보관된 책들처럼 빽빽이 꽂혀 있는 대장경을 바라본다. 대장경이 장경각에 보관된 후에도 해인사에는 일곱 번의 화재가 일어나, 많은 건물이 피해를 입었을 때도, 대장경만큼은 피해를 입지 않았다고 한다. 어려운 고비마다 재난을 피해 왔던 대장경. 그 대장경이 최대의 위기를 맞았던 때가 있었다.

6·25전쟁 때였다. 전력(戰力)의 약세로 후퇴만을 거듭하던 국군이 유엔군의 참전으로 반격을 가할 때, 퇴로가 막힌 공산군은 지리산과 가야산 등지로 숨어들었다.

1951년 12월 18일, 오전 8시 30분. 경찰로부터 긴급 지원 요청을 받은 공군 제1전투 비행단 상황실에 출동을 알리는 사이렌 소리가 울렸고, 이에 김영환(金英煥) 편대장은 제10전투비행 전대 보라매들을 이끌고 즉시 출격하였다. 이때 각 전투기에는 폭탄과 로켓탄, 기총(機銃) 등을 장착하고, 편대장은 그 외에 고성능 폭발력이 있는 네이팜탄을 추가로 더 보유하고 있었다.

그들에게 내려진 훈령은 해인사와 그 인근에 몰려 있던 공산군의 소굴을 폭격하여, 지상군을 지원하라는 내용이었다.

네 대의 전투기가 낙동강 줄기를 따라 북상하다가 함안 상공에서 기수를 가야산 쪽으로 돌렸다. 해인사 상공에 이르러 미군 정찰기를 따라 비행을 하던 김영환 편대장이 갑자기 무엇을 발견한 듯 해인사 계곡으로 급강하했다. 폭격 지점을 알리는 미군 정찰기의 연막탄이 해인사 앞마당에서 흰 연기를 내뿜고 있었다. 폭격 지점은 해인사 앞마당이었다. 편대가 공격에 돌입하려는 순간, 편대장은 무슨 생각을 했던지 다급한 어조로, "나의 명령 없이는 폭탄과 로켓탄을 발사하지 말라. 기총만으로 사찰 주변의 능선을 공격하라." 이때 미군 정찰기에선 "편대장은 뭘 하고 있는가, 해인사를 네이팜탄과 폭탄으로 공격하지 않고." 하지만 편대장은 "각 기는 공격하지 말라."고 재차 강조한 후, 해인사 뒤쪽으로 몇 개의 능선을 넘어

폭탄과 로켓탄으로 적을 공격하고 귀대해 버렸다.

문제는 그날 저녁에 있었다. 미 공군 고문단과 정찰 안내를 맡았던 미군 장교가, 폭격 명령을 거부한 편대장을 문책하기 시작했다. 미군 정찰 장교는, "사찰이 전쟁과 무슨 관계가 있는가? 당신은 사찰이 국가보다도 더 중요하단 말인가?"라며 화를 냈다. 이에 편대장은 "사찰이 국가보다 더 중요하지는 않지만, 공산군보다는 더 중요합니다. 그리고 그 사찰엔 700여 년간, 우리의 민족정기가 서린 귀중한 문화재가 보관되어 있습니다. 프랑스가 파리의 문화 유적을 보존하기 위해 프랑스 전체를 나치에게 넘겼고, 미국이 일본의 문화 유적을 보존해 주기 위해 교토(京都)를 폭파하지 않았던 사실을 상기해 주시기 바랍니다." 편대장의 답변은 조리 있고도 당당했다. 이에 아무 말 없이 듣고만 있던 미군 정찰 장교가 벌떡 일어나 부동자세를 취한 후, 경례를 하며 "김영환 편대장과 같은 지휘관이 있는 한국 공군의 앞날은 밝기만 합니다."라고 말했다 한다.

이차 대전 때 독일의 코르티츠 장군이 히틀러의 파리 폭격 명령을 거부한 것처럼, 김영환 편대장은 해인사를 폭파하지 않았다. 오늘날 프랑스가 파리의 문화 유적을 자랑하고, 해인사의 팔만대장경이 빛나는 문화유산으로 남아, 많은 사람에게 지난 역사의 숨결을 들려주는 것도 생각해 보면 미래를 내다

볼 줄 알았던 이러한 분들이 있었기 때문이 아닐까?

하지만 운명 앞에선 그도 어쩔 수 없었던지, 그 후 그는 준장으로 승진하여 복무하다가 54년 3월, 34세의 젊은 나이로 세상을 떠났다.

그는 가야산 상공을 비행하며 무엇을 보았을까? 가야산으로 주름 잡고, 분지에다 수(繡)를 놓은 해인사를 보았을 것이다. 둥근 능선으로 둘려 있는 가야산이 연꽃이라면, 그 속에 곱게 피어난 것은 대장경을 모신 장경각이 아니던가?

수다라장 통로 벽에 걸린 사진을 다시 본다. 연꽃 앞에 두 손 합장하고 서 계신 스님은 무엇을 기원하고 계실까? 팔만대장경의 영구 보존과, 고(故) 김영환 편대장의 극락왕생을 기원하고 계신 것 같다.

봄이 오고 춘분이 되면, 장경각의 연꽃도 다시 피어날 것이다.

*수다라장(修多羅藏): 팔만대장경을 모신 장경각의 첫 번째 건물로 수다라전(修多羅殿)이라고도 하며, 여기서 수다라(Sütra)는 불교 용어로 불교의 경전을 일컫는 말이다.

단재(丹齋) 선생과 연(鳶)

신채호(申采浩) 선생의 묘소로 갔다. 일본인에게 허리를 굽힐 수 없다 하여 선 채 세수를 했고, 중화 일보에 자신이 쓴 글자가 한 자 틀렸다 하여 원고를 거절한 분이다. 선생의 묘소는 충북 청원군 낭성면 귀래리에 있었다. 어린 시절 꿈을 키웠던 고두미란 마을이다.

묘소 앞엔 영정을 모신 단재 영각(丹齋影閣)이 있고, 그곳에 선생은 잿빛 한복을 입고 계셨다. 선생의 얼굴은 어느 한 곳도 빈틈이 없었고, 꼿꼿한 선비의 모습 그대로였다. 그래서 이광수는, '몸 어디를 두드려도 민족의 소리가 나고, 어디를 찔러도 애국의 피가 흐를 것 같다.'고 했던가.

사자는 쉽게 발톱을 드러내지 않는다. 적을 만나 포효할 때만 날카로운 발톱을 드러낸다. 선생도 그러했다. 손을 양 소매에 끼고 보여 주지 않았다. 감춰진 선생의 손은 사자의 발톱보다 무서웠다. 황성신문, 대한매일신보의 날카로운 필봉(筆鋒)은 민족에겐 독립 정신을 고취시켰고, 일본인 가슴엔 비수를 꽂았다.

영각 뒤로 돌아가니 문이 하나 있다. 묘소로 통하는 문이었다. 묘소 앞엔 한용운, 오세창 등이 세웠다는 비(碑)가 있고, 오른쪽엔 유업을 기린 사적비가 있었다.

선생을 생각해 본다. 어려서 선생은 정몽주를 존경했다. 그래서 호(號)를 처음엔 일편단생(一片丹生)이라 했으나, 줄여서 단재(丹齋) 또는 단생(丹生)이라 했다.

선생께 술 한 잔을 올리고 뒤로 돌아섰다. 앞에는 산언덕이 있고 그 위로 연(鳶) 하나가 보인다. 누군가 산 너머에서 연을 띄우는가 보다. 여기선 띄우는 사람도 실도 보이지 않는데 부는 바람 너울을 타고 떠 있는 것만 같다.

저 연의 임자는 누구일까? 저렇게 높이 띄우려면 연을 많이 만들어 보고, 띄우는 방법도 꽤 익혔을 것이다. 높이 떠 보일 듯 말듯 희미해진 연 속에서 어린 시절의 내 모습이 어슴푸레 눈에 밟힌다.

처음엔 연을 잘 날리지 못했다. 실을 풀며 달려가면 연은 땅으로 곤두박질쳐 끌려다니기 일쑤였고, 꼬리를 달아 균형 잡고 오르던 연도, 바람이 세게 불면 떨어져 나갔다. 숨차도록 실을 쫓아 달려 봤지만 결국 연은 나뭇가지를 붙들고 맴돌이하던 기억이 있다.

다시 하늘에 떠 있는 연을 본다. 까마득히 멀리 있어도 보이지 않는 실을 따라 움직인다. 맺은 정 차마 끊지 못할 인연인 듯 실로 이어져 하늘을 난다. 연이 얼레에 감긴 실로 이어져 있다면, 정은 보이지 않는 인연으로 이어지는 게 아닐까.

실을 끊고 날아가 버린 연을 찾듯, 세월에 묻혀 있던 인연을 찾은 적이 있다.

20여 년 전, 주인 없는 산을 정리한 적이 있다. 산주(山主)가 있어 신고하면 소유권이 인정되고 그렇지 않으면 국가 소유가 되는 조치였다.

집에서 이십여 리 떨어진 광산촌 근처에 돌아가신 선조 명의로 된 산이 하나 있었다. 소유권 이전 서류에는 산이 있는 동네의 이장을 찾아가, 소유권 이전을 보증하는 도장을 받아야 했다.

그 동네에 아는 사람이라곤 아무도 없었다. 이장네 집을 찾아갔으나 외출하고 없다. 날은 저무는 데 사람을 만나지 못해 기다릴 수도 돌아올 수도 없는 노릇이었다. 집 밖에서 망설였다. 이때 이장 아버지가 나오면서 "아무개하고는 어떤 사이냐?"고 묻는다. 순간 가슴이 뭉클해졌다. 그것은 어렸을 때 돌아가셔서 자주 들을 수 없었던 아버지의 이름이기 때문이다.

어머니한테 들은 기억으로 아버지는 금을 캐는 광부였다. 그래서 금광을 찾아 구봉, 예산, 임천 등지로 돌아다니셨다고 하는데 마지막으로 다니셨던 곳은 임천광산이었다. 그곳에서 급성 맹장으로 친구의 집에서 운명하셨다고 한다. 같이 광산에 다니던 친구 집이었다. 그 친구가 임종을 지켜줬고 장례를 치를 때까지 많은 도움을 주었다고 한다.

바로 그 친구란 분이 내 앞에 서 계시다. 그분의 안내로 방으로 들어갔다. 그때의 상황을 듣고 보니 아버지는 이 방에서 운명하셨던 것이다. 아버지가 운명한 방에, 20년의 세월이 지나 아들이 다시 와 머물다니. 내가 어떻게 이곳에 와 있는지. 기구한 운명일까, 신의 섭리일까, 아니면 보이지 않는 인연의 고리를 찾는 것일까. 얼레에서 끊어진 실을 찾아 내가 여기에 온 것이다.

한동안 잊어버렸던 아버지를 생각하며 방을 둘러보았다. 갑자기 가슴이 뭉클해졌다. 답답해서 더는 그 방에 머무를 수가 없어 밖으로 나갔으나, 밖은 이미 어두워졌다.

마음의 안정을 찾을 때까지 걸었다. 얼마를 걸었을까, 나는 어느 정육점 앞에 와 머물고 있었다. 아버지가 친구에게 진 빚을 조금이라도 갚고 싶은 마음에 주머니를 털었다. 그날 밤, 나는 뜬눈으로 밤을 새웠던 기억이 있다.

연이 더 높이 오르고 있다. 단재 선생도 어려서 연을 날렸을까, 날렸다면 선생의 연은 내가 날렸던 연보다 실도 길고 높이 날렸을 것이다.

선생은 베이징에 있을 때, 박달학원(博達學院)에서 동포 학생들을 가르친 적이 있다. 그 학생 중 장봉순이란 여학생이 있었다. 조국을 등지고 베이징에 온 그녀는 모든 게 설고 어려웠으나, 나라를 위하는 마음 하나는 어른 못지않았다. 선생은 어린 제자의 뜻이 너무 기특하고 대견해, 양말을 사주고 격려해 주었다. 시선마저 차가운 땅에서 양말 한 켤레는 큰 선물이었다. 양말을 신는 순간 의지하고 설 곳조차 없던 그녀의 발은 따뜻해졌을 것이고, 마음도 훈훈함을 느꼈을 것이다.

세찬 바람이 불면 연도 실을 끊고 날아가 버리는지 선생과 그녀의 인연도 끝이 난다.

선생은 형기 2년을 남기고 뤼순감옥에서 숨졌고, 그녀는 해방이 되자 조국으로 돌아왔다.

바람이 멎었는가, 높이 날던 연도 느슨해진 실을 따라 점점 아래로 내려온다. 이젠 연도 보이지 않는다.

독립투사의 자손들이 그랬듯이 선생의 후손도 생활이 어려웠다. 아들은 선생의 유업을 기리기 위해 관련 자료를 찾아 헤매다 세상을 떠났고, 며느리는 거리 행상과 삯바느질로 생계를 꾸려나갔다. 며느리 혼자 대학생 남매의 학비를 조달하기란 쉬운 일이 아니었다. 결국, 선생의 손자는 학업을 중단해야 할 처지였다.

연이 땅에 떨어지려 할 때 얼레에 실을 감았을까. 그러면 바람 없이도 실이 팽팽해지면서 오를 수 있을 텐데.

조국에 돌아온 선생의 제자는 산림녹화와 사회사업을 하다 세상을 떠났다. 그녀에겐 딸이 하나 있었다. 지난날 어머니한테, 단재 선생의 은혜에 대해 귀에 못이 박이도록 들어온 딸이다. 어머니를 대신해 은혜를 갚기로 하였다. 선생의 후손을 찾는 일이란 쉽지 않았다. 몇 년을 수소문한 끝에 어렵게 만났다.

정이 진한 걸까, 인연이 깊은 걸까, 인연이란 녹슬지 않고 세월 따라 흐르는가 보다.

사제지간에 양말 한 켤레로 맺어진 정이 70년 세월 뒤에 인연으로 만났다. 그녀의 딸이 선생의 손자에게 학비를 조달해 주기로 한 것이다. 그녀의 딸도 보이지 않던 인연의 고리를 찾은 것이다.

바람이 불기 시작한다. 선생이 우리의 상고사를 연구하기 위해 돌아보던, 지안현(輯安縣)* 쪽에서 불어오는 북풍인가 보다. 산 너머에선 연이 다시 보인다. 바람을 받은 연은 실 끝을 물고, 천심(天心)을 겨누어 오르고 있다.

아직도 내겐, 실도 인연의 고리도 잘 보이지 않는다. 내가 띄우는 연은 어떻게 날까 궁금해진다.

*지안현(輯安縣): 고구려 중기의 수도로 환도(丸都) 또는 국내성(國內城)이라고도 부르며, 광개토왕비 등 유적이 많은 곳. 단재 선생은 '지안현에 와서 고구려 옛 유적을 한 번 돌아보는 것이, 삼국사기를 만 번 읽는 것보다 낫다.'고 하였다.

노인의 선물

선물을 할 때는 세 번 즐거움이 따른다고 한다. 선물을 해야겠다고 생각할 때와 물건을 고를 때, 그리고 주고 난 후의 즐거움이다.

누구나 한 번쯤은 선물을 주고받은 기억이 있을 것이다. 이런 즐거움을 느껴 본 사람은 얼마나 될까?

선물이란 물건에 있는 게 아니고 주는 사람의 마음에 있는 것이 아닐까. 마음에서 우러나온 선물은 오래 기억되지만, 마음이 떠난 것은 쉽게 잊힐 것이다.

십여 년 전 ㅊ공고에서 근무할 때의 일이다. 한 노인이 대나무로 만든 비를 한 짐 지고 학교에 온 일이 있었다. 그 노인에게는 아들이 하나 있었는데 결혼 후 병으로 죽었다. 그 후 불행 중 다행으로 아버지의 얼굴도 보지 못한 손자가 태어난 것이다. 그의 유일한 즐거움은 자라는 손자에게 있었다.

손자가 고등학교에 다니기 위해 시골집을 떠났다. 손자의 얼굴이 눈에 아른거린다. 학교로 찾아가 보고 싶었지만, 거리가 멀어 그리하지 못했다.

며칠을 궁리했다. 손자도 만나고 선생님께 인사하는 방법으로 비를 만들기 시작했다. 그는 즐거웠다. 농사일로 거칠어진 손이지만 비를 만들 때는 비단을 짜는 정성으로 만들었다. 밑부분은 붓처럼 둥글면서 가늘어졌고 손잡이 부분은 칡덩굴로 묶어 가지가 잘 빠져나오지 않도록 동여맸다.

비를 다 만들던 날, 그는 좋아서 잠을 이루지 못했다. 비를 차곡차곡 묶은 다음 새끼로 멜빵을 만들어 등에 짊어졌다가 내려놓길 여러 번 하였다고 한다.

그는 늠름한 모습으로 자란 손자가 열심히 공부하는 걸 보았다. 눈에선 어느새 이슬이 맺힌다. 대견해서 흘린 눈물이다. 학생들이 교사(校舍) 주변을 쓸고 있다. 그들의 표정이 유난히 밝은 것은 노인의 따뜻한 정이 전해진 것일까.

가을이 무르익어 가고 있다. 나도 사랑하는 사람을 위해 마음이 깃든 선물을 하나 준비하고 싶다.

이월 상품

내 글은 이월(移越) 상품이다. 남들이 글을 쓰기 위해 신선한 소재를 찾을 때, 나는 역사적 인물을 찾아 헤맸다.

이월 상품이란 유행이나 계절이 지난 상품으로 신제품보다 가격이 싸서 좋다. 이러한 이월 상품 중에는 계절의 변화에 민감한 반응을 보이는 의류들이 대부분 그 주종을 이룬다. 돈이 많다거나 유행을 즐기는 사람들은 최신 유행을 골라 입을 수 있겠지만, 그렇지 못한 나는 이월 상품을 즐겨 입는다.

결혼 전만 해도 이월 상품에는 별 관심이 없었다. 그렇다고 최신 유행만을 즐겨 입었던 것도 아니다. 많은 사람이 입고 다니면 나도 따라서 그 옷을 입었을 뿐이다.

그랬던 내가 이월 상품에 관심을 갖게 된 데는 그럴 만한 이유가 있었다. 결혼을 계기로 정장 두 벌이 생겼다. 하지만 얼마 입지도 못했는데 유행이 바뀌고 만 것이다. 유행이 지났다고 멀쩡한 옷을 버리고 새 옷을 다시 살 수는 없었다. 경제적으로 그리 넉넉한 편도 아니었지만, 그보다는 입고 다니던 옷이 너무 아까워 계속 입었다. 유행이 지난 옷을 입고 다니면서 계절이 몇 번 바뀌고, 세탁 또한 여러 번 하다 보니, 이젠 더 입고 싶어도 몸에 맞지 않아 입을 수가 없게 되었다. 그래 생각한 끝에 선택한 것이 바로 이월 상품이었다.

이월 상품을 즐겨 입으면서 이월 상품에도 좋은 점이 있다는 것을 알았다. 그것은 유행이 이미 지났기 때문에 유행에 대해 신경 쓸 필요가 없어 좋았고, 가격이 싸서 좋았다.

이렇게 이월 상품을 애용하면서부터, 내가 쓰는 글도 상품으로 치면 이월 상품과 같다는 생각이 들었다. 다른 사람들이 새롭고 신선한 소재를 가지고 글을 쓸 때, 나는 역사적 인물이나 지나간 사건에 대한 글을 썼다. 그것도 유행조차 따지기 어려운, 지난 세월을 사셨던 분들에 대한 글을 썼다.

유행이 지난 옷을 입고 나가면 눈에 익었던 색상이나 형상에 끌려, 가끔 쳐다보는 사람들도 있었다. 그들은 주로 중년층이거나 노년층으로, 추억을 그리는 듯한 눈길로 바라보곤 했다. 내 글도 가끔 읽어 주는 사람들이 있었다. 바로 그들은 추억의 부피만큼 나이가 든 중년층이거나 노년층이었다.

청소년이나 젊은이들에게 이월 상품은 인기가 없다. 새로운 유행이나 패션만을 즐겨 입으려 하는 그들은, 젊다는 패기 하나로 많은 시행착오를 겪고 있는 단계라서 그렇다.

내 글도 그랬다. 글의 소재나 주제가 그들의 관심과는 거리가 먼 것이기 때문이다. 비록 그들에겐 인기가 없다손 치더라도, 나는 이윌 상품과 같은 글을 계속 쓰고자 한다.

글을 처음 쓸 때 만해도 이름이 세상에 알려진다는 것이 좋아서 썼다. 지방의 문학 단체에서 발행하는 지면(紙面)을 통해 글 같지도 않은 글을 써서 발표한 것은 이름이 활자화되는 재미로 그랬다. 이렇게 제자리걸음 하길 20여 년, 수필 문학지를 통해 추천을 완료 받고부터 함부로 글을 쓰지 않았다. ㅅ 교수님을 비롯한 많은 사람으로부터 글을 남발(濫發)하지 말라는 충고를 들었다. 일 년에 단 한 편의 글을 쓰더라도 좋은 글을 쓰라는 말도 들었다. 그 후부터 글을 자주 발표하지 않았다. 글은 마음을 드러내는 자신의 얼굴이며, 그 얼굴에 대해 책임질 수 있는 글을 써 보려고 고민도 많이 해 보았다.

그 무렵, 주제넘게 이런 생각을 하게 되었다. 비록 잘 쓰는 글은 아니지만 다른 사람을 위해 글로써 봉사하는 일은 없을까? 하고 생각한 끝에 우리 선열(先烈)들에 대한 글을 써 보기로 마음먹었다.

우리의 조상이요, 그분들이 드리운 커다란 그늘 아래 오늘 우리가 편히 살고 있지 않은가?

명함도 처음엔 글씨가 선명하고 종이도 깨끗해 잘 가지고 다닐 수 있었지만, 시간이 지나면 변질되고 주소나 전화번호가 바뀌게 되면 다시 인쇄해야 한다.

내 글에 나오는 인물들도 그 시대엔 세상을 떠들썩하게 할 만큼 사람들에게 추앙을 받았던 분들이었다. 하지만 세월의 뒤안길에 묻혀 그분들의 명성과 업적, 그리고 값비싼 희생이 점점 잊혀 가는 느낌이 들었다.

세월이 지나면 명함을 다시 인쇄해야 하듯, 사람들에게 그분들에 대해 고마움을 다시 느낄 수 있게 해주고 싶었다.

해서 그분들에 대한 글을 써, 우리보다 먼저 사셨던 분들을 더 많은 사람이 쉽게 만날 수 있는 가교(架橋)를 만들고 싶었다. 그러기 위해선 그분들을 좀 더 가까이에서 만나보아야 하지만, 이미 수백 년 전에 돌아가신 분들을 어떻게 만날 수 있단 말인가? 하는 수없이 그분들의 묘소라도 찾아가 그곳에서 체취를 보듬어 보고 싶었다.

어른을 찾아뵐 때 빈손으로 가는 것은 부끄러운 일이 아닌가. 이미 돌아가셨다 할지라도 빈손으로 찾아뵙기가 민망해, 조촐하나마 간단한 제수(祭需)를 준비하여 그곳에 가 분향재배(焚香再拜)하고 술잔을 올린 후에, 돌아와 글을 썼다.

이월 상품을 고를 때는 신제품보다 시간이 더 오래 걸린다. 작은 흠집이라도 있는지 꼼꼼하게 살펴본 후에 골라야 하기 때문이다.

글을 쓸 때도 그랬다. 역사적 인물 중 흠 없는 분을 고르기 위해 우선, 충신이나 효자, 청백리라 부르는 인물을 골랐다. 인물을 고른 후에도 선뜻 글을 쓰지는 못했다. 그분들은 너무 잘 알려진 분들이라, 잘못 썼다간 망신만 당하기 쉬웠기 때문이다. 도서관에 가 다시 자료를 조사하고, 그 자료의 정확성 여부를 검토하고 난 후에 글을 썼다.

그 때문에 한 편의 글을 쓰기 위해 짧게는 한 달에서, 길게는 몇 년씩 걸리는 경우도 종종 있었다.

이제 나는 이월 상품을 파는 가게의 주인이 되어 사람들이 필요로 하는 상품을 쉽게 제공해야만 한다. 하지만 이월 상품도 매진이 있듯, 글의 소재도 항상 있는 게 아니라 소재의 빈곤에 허덕일 때가 많다.

이월 상품으로 내놓은 흠 많고 보잘것없는 글이지만, 그런 글을 쓰기 위해 이번 주말도 소재를 찾아 어디로 가야 할까 고민하고 있다.

지척에서도 만나지 못했던 작은 외숙

대전현충원으로 가 제2연평해전에서 전사한 용사들의 묘비를 찾았다. 먼저 장교 제2묘역의 211묘판에 계시는 고 윤영하 소령의 묘를 찾아 참배한 후, 사병 제2묘역으로 가 다섯 용사의 묘도 참배를 했다. 그 후 천안함 46용사의 묘역도 참배한 후 집으로 돌아왔다.

잠자리에 들면서 생각해 보니 작은 외숙도 대전현충원에 모셔져 있다는 것이 생각났다. 참으로 부끄러웠다.

그래 작은 외숙의 하나밖에 없는 혈육인 외사촌 누나에게 전화를 해 묘역을 물어보았다. 외사촌 누나는 장교 제2묘역만 알뿐 묘판과 묘비의 번호는 모르고 있었다. 가끔 찾아가는 곳이지만 묘비가 있는 위치만 알고 있다 하였다. 참으로 난감했다. 대전현충원에 가 묘판과 묘비의 번호를 모르고 묘비를 찾는 것은, 큰 아파트 단지에서 동·호수를 모르고 집을 찾는 것과 같다.

한동안 고민하다가 대전현충원의 홈페이지를 들어가 보았다. 마침 그곳에는 안장된 분의 이름만 입력하면 묘역과 묘판 그리고 묘비의 번호까지 안내해주는 프로그램이 있었다. 그곳에서 작은 외숙의 묘비를 찾을 수 있었다.

'육군 소령 신동규' 장교 제2묘역의 211묘판에 묘비는 4555호였다. 아니 어떻게 된 일일까? 211묘판이라면 내가 오늘 찾아갔던 고 윤영하 소령의 묘비가 있던 곳이 아닌가? 고 윤영하 소령의 묘비가 4376호이니까 바로 그 옆에 작은 외숙의 묘비가 있었는데 찾아뵙지 못하고 돌아온 것이다. 참으로 송구스러웠다.

그날 밤, 내일 작은 외숙의 묘를 참배한다는 생각에 왠지 마음이 설레 밤잠을 설쳤다.

이튿날 새벽 까치 우는 소리에 일찍 잠에서 깼다. 묘소에 가져갈 간단한 제수를 준비해 집을 나섰다. 그리고 대전현충원 근처에서 반쯤 핀 장미 한 다발을 샀다. 젊은 나이에 세상을 떠났기 때문에 덜 피운 인생의 꽃을 활짝 피우시라는 생각에서 그리하였다.

대전현충원의 장교 제2묘역으로 갔다. 그곳에서 묘비를 찾으려는데 소나무 숲에서 까마귀가 울었다. 참으로 묘한 일이다. 집에선 반가운 손을 맞으러 간다 해서 까치가 울었는데,

이곳에선 까마귀가 울다니…. 까마귀는 저승을 오가는 사자(使者)라고 한다. 작은 외숙께 내가 왔다는 것을 알려주려는 것일까?

나는 작은 외숙을 한 번도 본 적이 없다. 내가 태어나기도 전에 돌아가셨기 때문이다. 하지만 작은 외숙의 묘비를 보는 순간 하염없이 눈물이 흐른다.

어머니는 항상 작은 외숙을 그리워하며, 살아생전에 작은 외숙의 이야기를 자주 하셨다. "내 동생이 살아있다면 지금쯤 높은 자리 하나는 하고도 남았을 것"이라며 늘 작은 외숙의 전사를 아쉬워하셨다. 그런 어머니의 생각이 내게로 전이된 것일까? 마치 어머니가 그리워하던 동생을 만난 것처럼 반가워서 흘리는 눈물인 것 같다.

작은 외숙의 묘비를 보았다. 앞면에는 '육군 소령 신동규의 묘'라 새겨져 있고 뒷면엔 4555란 묘비 번호와 함께, '1951년 1월 1일 파주에서 전사'라고 새겨져 있다.

대전현충원의 기록에 의하면 작은 외숙은 '육군 제1사단에서 복무했으며, 낙동강 방어 작전 임무를 수행하였고, 1950년 10월 평양탈환전투에 참전하였으나, 1951년 1월 1일 중공군의 신정 공세로 작전 임무를 훌륭히 수행하고 경기도 파주지구 전투에서 전사하였다.'고 되어 있다. 이러한 전공으로 인해 전사하기 전에 금성을지무공훈장을 받았고, 대전현충원에서는 2013년 1월의 인물로 선정하기도 하였다.

작은 외숙의 묘는 본래 야트막한 외갓집 뒷산에 모셔져 있었다. 후손으로는 딸이 하나 있는데 큰 외숙의 둘째 아들을 양자로 들여 작은 외숙의 제사를 모셔 왔다. 하지만 작은 외숙의 딸인 외사촌 누나는 그것이 좀 어색했던지 자신이 아버지 제사를 모시겠다고 했다. 출가외인이라지만 작은 외숙에겐 하나밖에 없는 혈육이었다.

하지만 내 생각엔 외사촌 누나가 살아있을 때는 작은 외숙의 제사를 잘 모실 수 있지만, 사후에는 자식들이 외조부의 제사를 잘 모실지 걱정이 되었다. 그래 작은 외숙을 대전현충원으로 모시게 된다면 자손들이 자주 찾지 못하더라도 국가에서 관리를 해주기 때문에 좋을 것 같았다.

외사촌 누나에게 전화를 해 "작은 외숙을 대전현충원으로 모시는 것이 어떻겠냐?"고 물어보았다. 그때 외사촌 누나의 반응은 시큰둥했다. 그런 일이 있은 지 몇 년 후 작은 외숙을 대전현충원으로 모셨다는 이야기를 들었다.

작은 외숙의 묘비를 어루만지며 어머니가 살아계실 때 하셨던 이야기가 생각났다. 작은 외숙은 육군사관학교를 졸업한 후 육군 소위로 임관되어 지금의 전진 부대에서 복무를 하셨다. 그 후 6·25전쟁이 발발했고, 국군이 후퇴할 때 작은 외숙의 고향에선 좌익세력의 사람들이 득세하였다. 그때 외갓집에도 시련이 닥쳐왔다. 그들은 작은 외숙이 국군의 장교라는 이유로 큰 외숙을 데려가 처형하였다. 큰 외숙의 사망 소식을 작은 외숙도 들었다. 그래 국군이 북진할 때 큰 외숙의 장례를 치르기 위해 작은 외숙이 잠시 고향으로 돌아오셨다. 어머니의 말씀에 의하면 "전시라서 그랬던지 작은 외숙은 허리에 권총을 차고 말을 타고 고향으로 오셨다."고 하셨다. 큰 외숙의 억울한 죽음에 작은 외숙은 화가 머리끝까지 치밀었으나, 그 화를 이기지 못해 허공을 향해 권총을 세 발 쏜 후 분한 마음을 가슴에 새기며, 그 길로 다시 북진을 하셨다고 한다. 그것이 어머니께서 보신 작은 외숙의 마지막 모습이었다. 그렇게 고향을 떠난 지 얼마 후, 작은 외숙의 전사 소식과 함께 유해가 고향 집에 도착했다.

외할머니는 작은 외숙이 전사해 한 줌의 유해로 돌아와 외갓집 뒷산에 묻혔지만, 작은 외숙의 죽음을 인정하지 않으셨다. 가끔 점집을 찾아가 아들의 행방을 묻곤 하셨다. 아마 그때 무당이 "살아 있다."는 말을 했던가 보다. 그러한 탓인지 어머니도 그렇게 씩씩하고 대장부답던 동생의 죽음을 믿으려 하지 않으셨다. 전쟁 중 포로가 된 동생이 북녘땅 어느 곳엔가 살아 있을 것이란 희망을 버리지 않으셨다. 그렇게 살아가면서 작은 외숙이 돌아오기만을 기다리던 외할머니가 오래전에 돌아가셨고, 어머니도 몇 해 전에 돌아가셨다. 외할머니와 어머니는 왜 작은 외숙의 죽음을 믿으려 하지 않으셨을까? 그것은 전사했다는 절망보다 막연하게나마 살아있을 것이란 믿음으로 큰 슬픔을 잊으려 하셨는지 모른다.

묘비를 손으로 어루만질 때마다 북받쳐 오르는 슬픔과 눈물을 참을 수가 없었다. 오늘 이 자리가 작은 외숙을 처음 만나는 자리다. 준비해 간 제수를 올리고 향불을 피웠다. 그리고 술 한 잔을 따른 후 큰 절로 인사를 올렸다.

작은 외숙의 묘비는 고 윤영하 소령의 묘비에서 불과 7m 정도밖에 떨어져 있지 않았다. 어제 장교 제2묘역에 와서 고 윤영하 소령의 묘만 참배하고 돌아갔을 때, 지척의 거리에 계셨던 작은 외숙께서는 얼마나 야속하셨을까? 작은 외숙께 죄송하다는 사죄의 말씀도 같이 올렸다.

작은 외숙이 경기도 파주 전투에서 전사하신 지 63년이 지났다. 이제 작은 외숙은 그렇게 작은 외숙을 그리워하시던 외할머니와 어머니도 저세상에서 만나, 그동안 나누지 못했던 이야기를 하고 계실 것 같다. 또한, 못난 생질도 왔다 갔다는 말씀도 하셨을까?

*장교 제2묘역 211묘판에 있던 윤명하 소형의 묘비와 사병 제2묘역에 있던 조천형, 황도현, 서후원, 한상국, 박동혁의 묘비는 2015년 9월 21일 장시병 제4묘역 413묘판의 합동묘역으로 옮겼다.

정발 장군 약전(略傳) 수정기

부산에 있는 국립해양박물관에 가기로 했다. 가기 전날 모든 여행 준비를 마치고 잠자리에 들었다.

이튿날 새벽이다. 비몽사몽간에 정발이란 이름이 떠올랐다. 참 이상한 일이다. 생각지도 못한 정발 장군의 이름이 갑자기 떠오르다니….

정발 장군이라면 초등학교 때 사회 시간에 배웠던 기억이 있다. 임진왜란이 발발하자 부산진 첨사였던 장군은 맨 처음 왜군을 맞아 용감하게 싸우다 전사한 것으로 알고 있다. 이번에 부산에 가면 정발 장군의 유적도 함께 돌아보기로 마음먹었다.

부산으로 가 국립해양박물관을 돌아본 후 정발장군의 동상이 있는 곳으로 갔다. 이곳은 초량역 부근으로 옛날에는 부산진성의 남쪽 지역이다. 여기서 장군이 왜적과 치열한 전투를 했던 곳이다. 장군은 임진왜란이 발발하자 제일 먼저 많은 왜군을 맞아 부산진성의 백성과 함께 장렬하게 싸웠으나, 중과부적으로 안타깝게 패하고 말았다. 장군은 싸울 때 검은 갑옷을 입고 싸웠다 하여 흑의(黑衣) 장군이라 불렸다. 장군의 용맹이 얼마나 뛰어났던지 전란이 끝난 후 왜군들 사이에선, 조선에서 가장 용감했던 장군은 흑의 장군이라 전하고 있다.

장군의 동상 가까이 가 보았다. 동상의 좌대(座臺) 앞에는 忠壯公鄭撥將軍像(충장공정발장군상)이라 쓰여 있고, 뒤에는 정충장공의 생애와 약력을 기록한 약전(略傳)이 새겨져 있다. 약전을 읽어 보았다. 내용 중에는 '환란 중에 나라를 잊지 않음이 충(忠)이요, 전쟁터에서 싸우다 죽음은 장(壯)이라 하여, 1657년에 충장(忠壯)'이란 시호가 내려졌다.'고 하였다.

집으로 돌아와 장군에 관한 글을 쓰기 위해 조선왕조실록을 읽어 보았다. 동상에 있는 약전에는 1657년 정발 장군에게 '충장'이란 시호가 내려졌다고 되어 있다. 조선왕조실록을 읽으며 발견한 것은 1657년은 동래부사 송상현 공에게 '충렬(忠烈)'이란 시호가 내려졌던 해였다. '그렇다면 장군에게 충장이란 시호가 내려진 것은 언제였을까?' 조선왕조실록을 더 읽어 보았다. 드디어 장군에게 시호가 내려진 연도를 찾을 수 있었다. 장군에게 시호가 내려진 것은 숙종 12년(1686년) 12월 21일이었다. 장군의 동상에 새겨진 약전이 잘못된 것을 알았다.

인터넷에 들어가 '정발 장군 동상'을 검색해보면 많은 사람이 잘못된 내용을 그대로 올려놓은 것을 보았다. 잘못된 내용이 39년 동안 많은 사람에게 알려져 왔던 것이다. '어떻게 해야 할까?'하고 생각해 보았다. 틀린 것을 보고 모른 체할 수는 없는 일이다.

장군의 약전을 수정해야겠다고 생각하였다. 가장 빠른 방법은 인터넷에 올리거나 중앙 일간지에 투고하는 방법일 것이다. 그리하면 관련 관청인 부산광역시청과 부산 시민들에게 누가 될 것 같았다. 어떤 방법으로 수정해야 할까? 고민을 해 보았다. 먼저 부산광역시청으로 전화해 수정해 줄 것을 건의하기로 하였다. 그 후 부산광역시청으로 전화하는 것을 차일피일 미루어 왔다.

가끔 글을 쓰기 위해 호젓한 보문산 길을 걸을 때가 있다. 글을 쓰다 알맞은 문장이나 단어가 생각나지 않을 때 산길을 걸으며 그것을 되뇌다 보면, 평소에 생각지 못했던 좋은 생각이 떠오를 때가 가끔 있었다.

오늘도 산길을 걷는데 갑자기 정발 장군의 약전 생각이 났다. 몇 달 전 장군의 약전에 대해 부산광역시청에 전화해야겠다는 것을 미루고 있었다. 마침 오늘 그 생각이 났다.

'소뿔도 단김에 빼다.'는 말처럼 집으로 돌아와 부산광역시청으로 전화를 했다. 장군의 약전이 틀렸다는 것과 그것을 수정해 줄 것을 건의하였다.

시청에선 자기들도 확인을 해본 후에 답을 주겠다고 했다. 며칠 후 시청에서 전화가 왔다. 조사를 해 본 결과 내가 건의했던 내용이 맞는다는 것이다. 잘못된 것을 아직까지 발견하지 못해서 미안하다는 말과 함께 약전을 바르게 수정하겠다고 하였다. 하지만 올해는 예산이 없어 시행하지 못하고 내년에 예산을 편성해서 수정하겠다고 했다. 그래 수정이 되는 대로 수정된 내용을 사진으로 보내 달라 하였다.

몇 달이 지났다. 어느 날 낯선 지역에서 전화가 왔다. 타지역 번호라 망설이다가 전화를 받았다. 부산광역시청이라 했다. 전에 내가 요구했던 정발 장군의 약전을 수정해 놓았다고 한다. 참으로 반가웠다. 시청에서 수정된 약전의 사진을 보내왔다.

부산광역시청 담당자한테 고맙다는 이야기를 하고 싶다.

사람들이 무관심 속에 39년 동안 지내왔던 잘못된 내용이 바르게 수정되었다.

정발 장군 동상의 약전에는 '충장'이란 시호가 1686년에 내려졌다고 새겨져 있다. 이제 장군께서도 기뻐하실 것 같다.

불효자의 해외여행

책장 속엔 어머니의 영정 사진이 하나 있다. 어머니의 모습을 차마 마주 볼 수 없어 책장 속에 넣어 보관해 왔던 것이다.

얼마 전 대전효문화원에 간 적이 있다. 그곳에는 우리나라를 비롯한 다른 나라의 효자, 효부들에 관한 사연을 그림과 사진으로 전시하고 있었다. 그중 거동이 불편한 아버지를 지게에 태우고 금강산 구경을 시켜드리는 아들과, 돌아가신 어머니의 영정 사진을 들고 중국 여행을 하는 아들의 모습도 있었다.

나는 네 살 때 아버지가 돌아가셨다. 젊었던 어머니는 위로 시부모님을 모시고, 아래로는 시누이와 시동생 다섯에 자식 사 남매를 부양하느라 고생을 많이 하셨다. 그래 어머니는 속을 많이 썩어 가슴앓이를 자주 하셨다. 어머니는 가슴에다 물적신 수건을 얹어놓고, 그 위에 뜨거운 다리미를 올려놓은 후, 큰 한숨을 몰아쉬며 괴로워하셨다. 어머니의 앓는 소리는 나에겐 큰 두려움이었다. 그런 어머니의 모습을 곁에서 지켜보던 나는 어머니가 곧 돌아가실 것 같아 걱정을 많이 했다. 어머니가 빨리 낫기를 기다리며, 내 수명을 덜어드릴 수 있다면 어머니한테 드리게 해 달라고, 누군가에게 빌고 또 빌었다. 그렇게 마음을 졸이며 어린 시절을 보냈다.

성장한 후에도 내가 어떻게 하면 어머니한테 좋은 소식을 하나라도 더 전해드릴까 하고, 노력하며 살았다. 하지만 생활에 쫓겨 어머니한테 소홀한 면도 있었다. 그렇게 고생만 하셨던 어머니가 8년 전에 나의 곁을 떠나셨다.

직장에서 퇴직한 후, 시간적 여유가 생겨 그동안 가지 못했던 해외여행을 몇 차례 다녀왔다. 그럴 때마다 어머니한테 미안한 마음이 들었다. 어머니가 살아계실 때 해외여행 한 번 보내드리지 못하고, 나만 여행을 다니는 것 같아 송구스럽기만 했다. 그런 마음에 어머니의 영정 사진을 책장 속에 넣어 보관해 왔던 것이다.

대전효문화원에서 효자들의 모습을 보고 돌아와 '나는 왜 진작 그런 생각을 하지 못했을까?' 하고 후회를 하였다.

어머니의 영정 사진을 꺼내 책상 위에 올려놓은 후, 시내로 나가 사진틀 하나를 사 왔다. 어머니 영정 사진을 사진틀 속에 넣은 후, 벽에다 걸어 놓았다. 비로소 어머니가 나를 보고 환하게 웃으신다.

며칠 후면 중국으로 여행을 떠난다. 그곳에 가서 백두산과 더불어 고구려, 발해 유적지 및 안중근 의사의 유적지 등을 돌아볼 예정이다.

그때 어머니의 영정 사진을 모시고 가야겠다. 어머니는 일제강점기에 아버지와 함께 가족의 생계를 위해 몇 년 동안 중국에서 사셨다. 어머니가 사셨던 선양에는 가지 못하지만, 하얼빈과 단둥지역도 어머니는 낯익은 곳일 것이다. 이번에 그곳을 다녀온다면 어머니도 좋아하실 것 같다.

내일 여행을 떠난다. 밤늦게까지 여행에 필요한 물건들을 챙겨 가방에 넣고, 어머니 영정 사진은 여행 가방에 넣지 않고 쇼핑백에 잘 모셔놓았다. 여행 준비를 하느라 새벽 1시가 넘어서야 잠자리에 들었다.

하지만 무슨 까닭인지 잠이 오질 않는다. 처음 떠나는 여행도 아닌데 왜, 잠이 오지 않을까? '어머니가 처음 해외여행을 가시니까 마음이 설레어 잠을 못 주무시는 모양이다.'라고 생각했다. 잠자리를 여러 번 설치다가 새벽 5시에 자리에서 일어났다.

간단히 식사를 하고 공항버스 정류장으로 갔다. 버스가 올 시간이 좀 남아 있어 여권이 있나 확인해 보았다. 여권이 없다. 황당하였다. 분명 며칠 전에 상의 호주머니에 여권을 넣었는데 없다. 아내에게 버스표를 30분 후의 것으로 교환해 놓으란 부탁을 하고 집으로 갔다.

지금 입고 있는 옷과 함께 겹쳐서 걸어 놓았던 다른 옷의 호주머니를 만져 보았다. 그곳에 여권이 있었다. 서둘러 택시를 타고 다시 버스 정류장으로 갔다.

버스를 타고 가면서 생각해 보았다. 간밤에 내가 잠을 설친 것은 어머니가 처음 여행을 떠나기 때문이 아니었다. 어머니는 아들이 여권을 다른 옷에 잘못 넣어서 여행을 떠나지 못할까 봐 걱정되어, 잠을 못 이루신 것 같다.

인천공항을 출발한 비행기가 오후 1시경 하얼빈 공항에 도착했다. 하얼빈역 구내에 있는 안중근기념관으로 갔다. 영정 사진을 두 손으로 들고 관람하다 보니 사진 촬영 등 여러 가지가 불편했다. 그래 끈을 하나 구해 사진틀 위에 꿰어 목에 걸고 다녔다. 하얼빈의 중앙대가 등 거리를 다닐 때도 어머니 영정 사진을 목에 걸고 다녔다. 거리에서 마주치는 사람마다 궁금한 눈길로 영정 사진을 힐끗힐끗 쳐다본다. 사람이 많이 모인 광장에선 사람들이 사진을 가리키며 "누구냐?"고 묻는 사람도 있었다. 그들에게 자세한 설명을 할 수 없어 "어머니"라고만 대답하자, 엄지손가락을 치켜세우며 "최고"라고 말을 했다.

버스로 이동할 때는 어머니 영정 사진을 차창 밖으로 향하게 해서 아름다운 거리의 풍광을 보여드렸고, 호텔로 돌아와서는 숙소 안에 있는 탁자 위에 모셔놓았다.

압록강 변에서는 어느 중국 사람이 같이 사진 촬영을 하자고 해서, 촬영도 하였다.

이렇게 중국에 와서 어머니를 모시고 하얼빈과 뤼순의 안중근 의사 유적지 및 지안의 고구려 유적지, 하이린(海林)시의 김좌진 장군 유적지 등을 돌아보았다.

여행을 마치고 집에 돌아와 어머니 사진을 다시 벽에 걸어놓았다. 어머니는 처음 다녀온 해외여행인데도 피로한 기색이 하나도 보이지 않는 것 같다. 나를 바라보며 온화한 미소를 짓고 계셨다.

다음 여행길에도 어머니를 모시고 떠나야겠다.

이종사촌 만들기

오래전 일이다. 군 복무를 마치고 전에 근무했던 ㅊ공고에 복직발령을 받았다. 대부분 선생님은 안면이 있었기 때문에 반갑게 맞아 주었다. 하지만 ㄱ선생님이 난처한 표정을 지으며 내게로 다가왔다. "최 선생 이거 참 미안해서 어떡하지요?" 라며 더는 말을 잇지 못했다. 나는 그 말이 무슨 뜻인지 몰라 망설이고 있는데 ㄱ선생님이 그동안 있었던 일에 대해 자세히 이야기 해주었다.

지난번 중간고사 때 자기 반 학생 ㅇ군이 커닝을 했다고 한다. 그 후 징계를 하기 위해 조사하는 과정에서 ㅇ군이 나의 "이종사촌 동생"이라고 말했다는 것이다. "그때 선처를 해주지 못하고 정학 처분을 해서 미안하다."는 것이었다.

참으로 황당한 일이었다. 사실 ㅇ군과 나는 인척 관계가 아니다. 단지 고향이 같다는 이유 말고는 그와 아무런 연관이

없었다. '왜, ㅇ군이 나를 이종사촌 형이라 했을까?'

군에 입대하기 전이었다. 입학시험을 보러 온 중학생들에게 수험표를 나눠주기 위해 운동장에 집합시킨 적이 있다. 그때 교복을 입은 학생들을 둘러보며 중학교 후배들이 몇 명 와 있기에, 시험이 끝난 후 음료수를 한 병씩 사 준 적이 있었다. 시험을 보기 위해 먼 곳에서 온 후배들이 반가워서 그랬다.

그는 외지에 와 열심히 공부해서 부모님을 기쁘게 해드리고 싶은 마음이 생겼다. 하지만 공부를 덜 한 까닭에 커닝을 해서라도 성적을 올리려고 하였다. 그의 잘못된 생각이 일을 그르치고 말았다. 커닝을 하다 그만 감독에게 들키고 만 것이다. 그는 교칙에 의해 처벌받을 것이 두려웠다. '그래 지푸라기라도 잡고 싶은 심정에서 나와 친척 관계가 된다고 말했던 것 같다.' 그렇게 하면 학교 측에서 좀 봐줄 것 같아 그리 한 것이다. '오죽 답답했으면 아무 관계도 없는 나를 끌어들여 이종사촌 형으로 만들었을까?' 그의 심정을 이해할 만했다.

그 후 그의 처지를 생각해 ㄱ선생님을 비롯한 다른 선생님들에게 "ㅇ군이 내 이종사촌 동생이 아니다."라고 말할 수가 없었다. 만약 그리한다면 그는 어떻게 될 것인가? 정학은 그만두고 퇴학까지 당할 판이었다. 그를 생각해 모든 비밀을 나 혼자 간직하기로 하였다. 내가 말하지 않으면 모든 문제가 해결될 것 같았다.

그래 팔자에도 없는 그를 이종사촌 동생으로 만들게 되었다. 그 후로 가끔 교내에서 그와 마주치게 되면 그는 무슨 큰 죄를 지은 죄인처럼 몸 둘 바를 몰라 했다. 그런 그의 모습을 보는 것이 안타깝고 부담스러웠다.

하루는 그를 불렀다. 그날도 그는 죄인의 표정을 지으며 나에게 왔다. 고개를 푹 숙이고 내 눈치만 힐끔힐끔 보고 있었다. 자신의 잘못을 지적하려고 부른 것으로 생각한 모양이다. 그를 위해 내가 희생하기로 마음먹었다. 그에게 "이제부터 내가 너의 이종사촌 형이 되어 줄 테니, 그리 알고 매사 행동에 조심하라."고 했다.

그 후, 선생님들을 초대해 저녁 식사를 하는 자리에서 "○군이 나의 이종사촌 동생"이라 말한 후, "지난번 커닝 사건으로 여러 선생님께 심려를 끼쳐드려 미안하다."는 말까지 했다.

이제 나도 그와 함께 커닝 사건의 공범이 된 것이다. 그 후로 선생님들은 그의 커닝 사건을 잊어버렸다. 하지만 그는 나를 만날 때마다 항상 죄인처럼 행동을 했다. 아무 말 하지 않았는데도 스스로 죄책감을 느끼고 있는 것 같았다.

그렇게 괴로웠던 학교생활을 마치고 그가 졸업하였다. 이제 학교에서 그를 만나는 일이 없어 마음이 편했다.

38년의 세월이 흐른 후, 우연히 길에서 50대 후반이 된 그를 만났다. 그때도 그는 나를 정면으로 바라보지 못했다.

그는 "시청에서 근무한다."고 했다.

커닝 사건이 있은 지 38년이 지났다. 그때 같이 근무했던 ㄱ선생님을 비롯한 여러 선생님도 이제 모두 정년퇴직을 하였다. 이제 솔직히 말을 해도 될 것 같다. "ㅇ군이 나의 이종사촌 동생이 아니었다." 그때는 그가 감수성이 예민한 사춘기 소년이라서 마음에 상처를 줄까 봐 내가 거짓말을 했다."고.

그도 이제 나이가 50이 넘었다. 다음부터 나를 만나게 되면 죄인처럼 고개를 숙이지 말고 내 얼굴을 보면서 이야기했으면 좋겠다. 사회에서 큰 죄를 지은 죄인도 38년의 세월이 흐르면 사면되었거나 석방이 되었을 것이다.

세월은 거짓이나 위선의 탈을 벗기고 진실을 이야기해 주는 능력도 갖고 있는가 보다.

갈 수 없는 낙화암

제수(祭需)를 싣고 백마강으로 갔다. 정초만 되면 어머니는 제수를 정성껏 마련하여 강에 가서 치성을 드리셨다. 현실에 맞지 않는 일이지만 도와 드리지 않을 수 없는 게 내 처지였다. 전에는 제수를 지게에 지고 다녔다. 사람이 많은 곳을 지날 때는 부끄러워 얼굴이 달아올랐지만 고개를 숙인 채 뒤따라 다녔다.

내가 태어난 곳은 나루터가 있던 강마을이다. 나루터는 만남과 이별이 함께하던 곳이다. 장에 간 부모를 기다리던 아이들에겐 즐거웠던 만남의 장소였지만, 자식이나 연인을 보내는 사람들에겐 슬픈 이별의 장소였다.

그러나 강물은 말없이 흘렀다. 흐름 속에는 마을 사람들의 애환도 섞여 있었건만 세월 따라 도도히 흘렀다.

강은 자식을 둔 부모들의 마음을 항상 불안하게 만들던 곳이었다. 여름철에는 더욱 그랬다. 강에 가지 마라, 그렇게 말을 해도 아이들은 시원한 강의 유혹을 뿌리치지 못했다. 부모의 눈을 피해 강으로 갔고 그곳에서 더위를 식혔다.

초등학교 때에는 친구가 강에서 익사한 일이 있었다. 마침 장날이라서 그의 아버지는 장에 갔었다. 돌아오던 길에 소식을 듣고 아들 주려고 샀던 크레용, 공책들을 강물에 던지며 넋 나간 사람처럼 아들의 이름을 부르던 일.

중학교 다니던 후배가 헤엄치다 물속에 잠긴 후 시체가 떠오르지 않자 넋을 건지기 위해 강가에서 굿하던 일 등, 이러한 슬픈 사연을 알고 있는 강이지만 평상시에는 아무 일 없었다는 듯 유유히 흘렀다.

강은 마을 사람들에게 도움도 주었다. 농사를 지을 때는 필요한 물을 공급했고 대부분의 반찬도 해결해 주었다. 강마을 사람들에게 강은 가까이할 수도 멀리할 수도 없는 존재였다. 그래서 많은 가정에선 화(禍)를 멀리하고 평온을 비는 뜻으로 정초에 용왕제(龍王祭)를 올렸다. 강물에 제(祭)를 지내는 풍습이다.

우리 집은 강마을에서 읍내로 이사를 했는데도 어머니는 그 일을 계속하셨다. 자식들이 성장해 강에 가 수영할 일도 없고 쥐꼬리만 한 지식을 핑계로 미신이라 만류했지만, 소용이 없었다. 말없이 제수를 머리에 이고 나가시고는 했다. 그것은 내게 있어 갈등이었다. 도와 드리자니 배운 것이 탈이고 무겁게 이고 가시는 어머니의 뒷모습을 바라보는 것은 더욱 괴로운 일이었다. 할 수 없이 지게를 지고 따라갔지만 나오는 건 불평뿐이었다. 어머니가 그 일을 고집하는 데는 강마을 사람들과는 다른 이유가 있었던가 보다.

민족상잔 6·25는 평화롭던 강마을에도 사상적 대립을 가져왔다. 전쟁 상황에 따라 민주 세력인 우익과 공산 세력인 좌익이 서로 득세해 아수라장이 되었다. 혼란한 상황에선 자신의 처지가 불리하면 애매한 사람에게 죄를 뒤집어씌우기도 했나 보다.

그 여파가 우리 집까지 밀려와 아버지가 피해를 당하셨다.

우익 사람들이 득세할 때였다. 옆 동네 살던 우익 사람에게 쌀을 빌려준 적이 있었다 한다. 전쟁으로 궁핍한 생활이 계속되자 쌀을 달라 하였다. 그 사람은 쌀 갚을 생각 대신 아버지를 빨갱이라고 모함해 버렸다. 아버지는 사상적 대립이 심할 때도 가족의 생계만을 위해 광산에만 열심히 다니셨다.

그러나 아버지에겐 사건의 진상을 밝힐 시간적 여유가 없었다. 그날 밤, 경찰서에 후퇴 명령이 전달된 것이다.

서울에서 국군이 후퇴할 때, 서대문 형무소에 남아 있던 좌익 사람들이 피난을 떠나지 못한 경찰, 군인들의 가족을 학살한 사건이 있었다 한다. 그 사건이 난 뒤 정부에서는 열성적인 좌익 사람들을 처벌하였고, 그런 일이 다시 발생하지 않도록 추가로 예비검속(豫備檢束)을 실시하였다. 이때 아버지가 경찰서에 끌려오신 것이다. 후퇴 명령에는 경찰서에 갇혀 있던 사람들까지 처단하라는 내용이 있었던가 보다. 서울에서 내려온 헌병들에 의해 철창문이 열렸다. 이어 두 명씩 포승으로 손목을 묶은 다음 이십여 명을 트럭에 싣고 어디론가 가 버렸다.

잠시 후 부소산 쪽에서 총소리가 났고 빈 트럭은 다시 나타났다. 경찰서에 남아 있던 사람들 사이엔 어느새 죽음에 대한 공포가 감돌기 시작했다. 아버지도 낯모르는 사람과 함께 손목이 묶인 채 트럭에 올랐다. 차는 부소산으로 달렸다. 휘영청 밝은 달도 그날 밤 낙화암에선 을씨년스럽게 차가웠다.

낙화암 난간에 사람들을 차례로 세웠다. 앞에 선 사람부터 총알을 맞고 떨어졌다. 다음은 아버지 차례였다. 총을 쏘려는 순간 두 사람은 하늘에 목숨을 걸고 강으로 뛰어내렸다. 아버지는 차를 타고 오는 동안 묶였던 사람과 의사가 통해 포승을 풀었던 것이다.

강물에 비친 달은 유난히 밝았다. 조용히 흐르던 백마강에 비늘 치는 소리가 나자 위에서 총을 쏘아 댔다. 물결은 다시 잔잔해졌다.

살아야겠다는 집념은 감각도 무디게 하는가, 아버지는 총을 맞은 것도 몰랐다. 헤엄을 치려 할 때 한쪽 팔이 축 늘어지면서 감각이 없어 비로소 총 맞은 것을 알았다.

손가락을 이빨로 물었다. 남은 한쪽 팔로 헤엄쳐 나가기 시작할 때, 다시 총소리가 났다. 이번엔 다리에 맞았다. 헤엄치는 걸 포기하고 물살 따라 떠내려가다 어느 백사장에 닿았다.

팔과 다리에선 계속 피가 흘렀으나, 그들이 쫓아올 것만 같았다. 다리를 절며 한 손으로 핏자국을 모래로 덮으며 나갔다. 새벽녘이 되어서야 아버지는 어느 집 헛간에 몸을 숨길 수가 있었다 한다.

그 후, 그 동네에 살던 학교 동창의 도움을 받아, 가마를 타고 집으로 돌아오셨다.

국군은 이미 후퇴한 뒤라 좌익 사람들의 세상이었다. 그들은 아버지를 충동질했다. '죄없이 총까지 맞아 얼마나 억울하냐, 영웅 대우를 할 테니 같이 일을 하자.'고 하였다. 아버지는 그들의 뜻을 따르지 않았다. 상처 치료만 하셨다. 국군이 북진할 때는, 아버지를 잡아갔던 경찰이 찾아와 잘못을 사죄했다고 한다.

구사일생으로 살아오신 아버지로 인해, 그 이듬해 내가 태어났다.

어머니는 한 번도 아버지를 모함했던 사람이나 잡아갔던 사람을 원망하지 않으셨다. 대신 강에 가 용왕님께 비셨다.

이러한 어머니의 깊은 마음을 헤아린다면, 나는 배웠다는 핑계만 댈 수 있겠는가. 불평 없이 지게를 지고 어머니 뒤를 따라 다녔던 것이다. 어머니는 아직도 강물을 향해 빌고 계신다. 비록 돌아와 삼 년을 더 사셨지만, 남편을 구해 주셨고 그로 인해 아들이 태어났음을 감사드린다고. 유람선 한 척이 백마강을 거슬러 낙화암 쪽으로 간다. 빤히 보이지만 갈 수 없는 낙화암. 그곳을 스쳐 온 강물도 마음을 아는 듯, 유람선 자국이 물이랑 되어 발치에 와 머문다.

배신자가 보내준 선물

그는 긴 겨울 동안 찬바람을 맞으며 포천의 한 길거리에서 군고구마를 팔았다. 높고 화려했던 꿈은 얼마 전에 접었다. 날개를 펴 높고 너른 세상을 화려하게 날아보려 했지만, 세상은 그가 생각했던 것처럼 녹록하지 않았다. 군고구마를 하나라도 더 팔아야 생활에 도움이 되었다. 그는 이렇게 군고구마 파는 일에 열중하고 있었다. 오가는 사람들에게 "군고구마 사세요. 달고 맛있는 고구마가 여기 있습니다."라고 외치는 것이 그의 일상이 되었다. 그는 추위에 언 손을 호호 불어가며 지나가는 사람들을 불러 모았다.

어느 방송사에서 「내일은 미스터 트롯」이란 프로가 주 1회씩 3개월 동안 방영된 적이 있다. 나도 한때는 가수가 되고 싶었기 때문에 그 프로를 즐겨 보았다. 그는 가수를 선발하는 프로에 도전하였다. 예선전에선 홀로 계신 어머니를 생각하며 노사연의 「바램」이란 노래를 불렀다. 대부분 출연자는 노래를 잘했다. 그도 노래를 잘해 예선 및 준결승을 거쳐, 최종 7명을 선발하는 결승전까지 올랐다.

결승전은 마스터(심사위원) 총점에다 대국민 응원 투표와 대국민 실시간 문자 투표를 합해서 최고점을 받은 자가 1위인 진(眞)을 차지하는 것이다. 하지만, 그는 결승전 중간 집계인 마스터 총점과 대국민 응원 투표를 합한 점수에서 1위를 하지 못했다. 1위는 걸쭉한 목소리로 꺾기를 잘하던 ㅇ군이 차지했다.

본래 결승전은 3월 초에 할 예정이었다. 마침 코로나19로 인해 방청객과 참가자들의 감염 예방을 위하여, 결승전 날짜를 3월 중순으로 미루게 되었다. 하지만 코로나19는 진정될 기미가 보이지 않았다. 방송사에서도 결승전 날짜를 더는 미룰 수가 없었다. 열화와 같은 성원으로 결승전을 기다리는 많은 시청자가 있었기 때문이다. 결승전은 감염 예방을 위해 방청객 없이 참가자와 심사위원들만 참석한 가운데 실시하게 되었다.

드디어 결승전 날이다. 그는 결승전에서 「배신자」란 노래를 부른다. 노래 가사를 보면 '더벅머리 사나이에 상처를 주고, 너 혼자 미련 없이 떠날 수가 있을까, 배신자여 배신자여.'라는 구절이 있다. 여자가 남자의 사랑을 버리고 매정하게 떠난 후, 남자가 여자를 원망하며 실연의 아픔을 노래한 것이다.

하지만 그는 그 노래의 가사와는 다른 생각을 한 것 같다.

아버지가 어머니와 자신을 버리고 일찍 세상을 떠난 것을 원망하는 것 같았다. 이 노래는 아버지가 돌아가시기 전에 어머니에게 장난삼아 자주 불러줬던 노래라고 한다. 그는 평소엔 이 노래를 부르지 않았다. 이 노래를 부르면 아버지가 생각났고, 돌아가신 아버지가 더욱 원망스러웠기 때문이다. 어머니의 사랑을 저버리고 일찍 세상을 떠난 아버지가 어머니에겐 배신자였는지도 모른다. 어머니 가슴 속에 깊은 한을 남기고 저세상으로 떠나버린 아버지. 그래 어머니와 아들은 그런 아버지를 원망하기도 했을 것이다.

결승에 참가한 7명의 가수가 순서대로 노래를 불렀다. TV에선 노래가 시작되기 전과 간주곡이 나갈 때마다 참가자들에 대한 소개를 동영상으로 보여 줬다. 그의 가정환경과 어머니가 운영하는 헤어숍도 보여 줬다. 어려운 환경에서 어머니와 외할머니가 그를 키워줬다는 내용의 동영상이 시청자들의 가슴을 뭉클하게 했다.

그는 결승전에서 평소엔 한이 맺혀 부르지 않았던 「배신자」란 노래를 부른다. 남편 없이 살아가는 어머니의 가슴 아픈 심정과 아버지가 계시지 않아 자신이 겪었던 어려웠던 일들을 생각하며 노래를 부른 것이다. 높아졌다가는 낮아지고, 끊어질 듯하다가 다시 이어지는 감성 어린 목소리. 그 높고 낮은 목소리에 많은 감정이 몰입되어 있다. 그런 그의 목소리는 많은 시청자의 가슴을 파고들었고, 심금을 울렸다. 눈물이 그의 가슴을 적신다. 이어 어머니의 서러운 마음까지 더해 눈물로 흐른다. 그는 감정이 북받쳐 흐르는 눈물을 보이지 않으려고 지그시 눈을 감고 노래를 부른다. 그런 모습을 보는 전국의 많은 시청자는 손으로 눈물을 훔치거나 가슴을 적시면서, 그의 노래를 들었다.

결승전에 올라온 7명이 모두 노래를 불렀다. 이제 '내일은 미스터트롯'의 진(眞)을 뽑는 일만 남았다. 사회자가 결과를 발표하는 시간이다. 하지만 결승전 최종 집계인 대국민 실시간 문자 투표를 합산하는 과정에서, 너무 많은 시청자가 한꺼번에 접속하는 바람에 서버가 마비되고 말았다. 그래 최종 결과를 발표하지 못했다

참으로 묘한 일이다. 결승전 날이 바로 그의 아버지 기일이었다고 한다. 코로나19가 아니었더라면, 결승전은 처음 예정한 대로 3월 초에 실시했을 것이다.

그는 결승전에서 아버지와 어머니를 함께 생각하며 「배신자」란 노래를 불렀다. 그 결과 자신의 이름처럼 영웅이 되어, 영광의 진을 차지한 것이다. 아버지의 기일에 부른 「배신자」란 노래가 무명가수였던 그를 일약 트롯의 영웅으로 만들어 주었다.

일찍 세상을 떠난 배신자가 자신의 기일에 아내와 아들에게 보내준 선물은 아닐까?

내 모습을 보이지 말라

누구나 자신의 부끄러운 모습을 다른 사람에게 보이길 원하지 않는다. 고려 개국공신 신숭겸 장군도 사후(死後) 자신의 모습을 사람들에게 보이고 싶지 않았을 것이다.

대구 팔공산에 있는 신숭겸 장군의 유적지를 찾았다. 먼저 장군이 전사한 곳에 있는 표충단(表忠壇)으로 갔다. 그곳에서 사진 촬영하는데 갑자기 카메라가 작동을 하지 않는다. 해설사의 말에 의하면, 이곳은 본래 기(氣)가 너무 센 곳이라 한다. 그래서 장군의 기를 받기 위해 전국에 있는 무당들이 몰래 찾아와 제(祭)를 지내기도 한단다. 기 때문이었을까? 입구에선 촬영이 잘되던 카메라가 이곳에서 고장이 난 것이다. 촬영할 물체를 보여주는 화면이 먹통이 되어 아무것도 보이질 않는다. 전자회로 장치에 이상이 생긴 것 같다. 더 이상 사진을 촬영하지 못했다.

표충단은 장군의 넋을 기리기 위해 장군이 전사한 자리에 만들어 놓은 사각으로 된 무덤이다. 장군이 전사할 때, 입었던 옷과 피 묻은 흙을 모아 단을 만들었다고 한다.

이곳에서 장군은 무슨 일이 있었을까?

927년 9월, 견훤의 후백제군이 신라를 침공하여 경애왕을 시해하였다. 이 소식을 들은 왕건은 신라를 돕기 위해 정예군 5,000명을 이끌고 경주로 출발하였다. 왕건이 대구의 공산* 동수에 이르러 후백제군과 전투를 하던 중 이곳에 매복하고 있던 후백제군에게 포위되고 말았다. 이때 장군은 왕건의 옷으로 갈아입고 왕건을 변복시킨 후, 뒷문으로 빠져나가게 하였다. 왕건의 모습으로 변장한 장군은 어가에 올라, 김락 장군 등과 함께 후백제군과 맞서 용감하게 싸웠다. 장군을 왕건으로 착각한 후백제군은 장군을 향해 총공격을 해 왔다. 장군은 이 전투에서 전사했고, 후백제군은 장군의 목을 베어 갔다. 따라서 장군은 머리가 없는 시신으로 그곳에 남겨지게 되었다.

표충단에서 나와 장군의 영정이 모셔져 있는 표충사(表忠祠)로 갔으나, 관리인이 문을 열어 주지 않아 장군의 모습을 보지 못하고 돌아왔다.

그 후 5월 연휴에 춘천에 있는 장군의 묘소를 보기 위해 집을 나섰다. 강릉으로 가 경포대와 오죽헌 등을 둘러본 후,

저녁 무렵 춘천으로 갔다. 숙소를 정하기 위해 시내에 있는 여러 숙소를 다녀봤지만 방이 없었다. 외곽에 있는 남이섬까지 가 봐도 방이 없다. 다시 춘천으로 돌아와 찜질방에도 가 봤지만, 하룻밤 머물 곳이 없었다. 하는 수 없이 이튿날 새벽에 대전으로 돌아왔다. 춘천에 가서도 장군의 모습은 볼 수 없었다.

장군의 모습을 다시 보기 위해 평일을 택해 춘천으로 갔다. 장군의 묘소는 춘천시 서면 방동리에 있었다. 묘역으로 가는 길 입구에 장군의 동상이 세워져 있다. 동상을 지나 묘소가 있는 곳으로 갔다. 장군의 묘는 산 중턱에 자리하고 있었다. 묘역에는 하늘을 찌를 듯한 소나무들이 좌·우에 숲을 이루고 있었다. 마치 많은 병사가 장군의 묘역을 지키는 것 같았다. 묘역 왼쪽으로 난 경사 길을 따라 한동안 걸으면 장군의 묘가 있다. 참으로 이상한 일이다. 일반적으로 사람이 죽으면 묘의 봉분을 하나로 만드는데, 장군의 묘는 봉분이 셋이나 된다. 세 개의 봉분 중 가운데 봉분 앞에 상석과 비가 있다. 비에는 '高麗太師壯節公申崇謙之墓(고려태사장절공신숭겸지묘)'라 새겨져 있다.

공산 전투에서 장군 때문에 구사일생으로 살아남은 왕건은 머리가 없는 장군의 시신을 보고 통곡하였다. 왕건은 차마 머리가 없는 장군의 시신을 그대로 묻을 수가 없었다. 없어진 머리를 황금으로 만들어 이곳에 묻어 주었다. 이때 황금으로 만든 장군의 머리가 도굴되는 것을 염려해 봉분을 세 개로 만들었다고 한다. 어느 봉분에 장군의 황금 머리가 묻혀 있는지 알 수 없도록 한 것이다.

이곳은 명당 중의 명당이라 한다. 풍수의 대가 도선국사가 왕건이 사후에 들어갈 묫자리로 미리 잡아준 곳이다. 왕건은 생명의 은인에게 미련 없이 자신이 묻힐 명당자리를 내주었던 것이다.

묘 아래로 길고 넓게 펼쳐진 묘역은 여느 왕릉 못지않았다. 풍수를 모르는 문외한이 봐도 좋은 자리처럼 보였다.

묘역에서 내려와 장군의 영정이 모셔져 있는 장절사(壯節祠)로 갔다. 하지만 문이 잠겨 있다. 관리인을 찾아봤지만, 외출 중이라 장군의 영정을 볼 수 없었다. 이번에도 장군은 자신의 모습을 보여주지 않았다. 아쉬운 마음을 달래며 먼 길을 달려 집으로 돌아왔다.

지난해 대구에서 '수필의 날 행사'가 있었다. 행사가 끝난 후, 대구 근교에 있는 유적지를 탐방한다고 했다. 탐방 코스에 신숭겸 장군의 유적지도 포함되어 있었다.

전에 대구와 춘천에 갔을 때 보지 못했던 장군의 모습을 이번엔 틀림없이 볼 수 있을 것 같았다. 행사를 대구광역시와 대구문인협회에서 후원하기 때문이다. 대구에 갈 준비를 해놓고 행사 날짜만 기다렸다. 하지만 이번에도 장군의 모습은 볼 수 없었다. 대구에 가기 3일 전, 복막염 수술을 해 병원 신세를 지고 말았다.

하는 수 없이 이번 행사에 참석하는 춘천에 있는 ㅂ회장과 서울에 있는 ㅊ선생에게 장군의 영정을 촬영해 보내 달라고 부탁을 했다. 행사가 끝난 후 핸드폰으로 사진이 왔다. 기대를 하고 파일을 열어 봤으나, 장군의 모습은 보이지 않고 표충단만 보였다. 이번 행사에서도 장군의 영정(影幀)은 보여주지 않았다고 했다.

며칠 후 춘천에 있는 ㅂ회장으로부터 장군의 사진이 왔다. 춘천문화원에서 발행한 책자에 장군의 영정이 있어 촬영해 보낸 것이라 했다. 그렇게 보려고 해도 보여주지 않았던 장군의 모습을 볼 수 있었다.

장군은 우람한 체구에 갑옷을 입고 계셨다. 호랑이 가죽을 밟고 서서 왼손은 칼을 짚고, 오른손으론 갑옷의 허리띠를 잡고, 병사들 앞에서 호령하는 모습이다. 꽉 다문 입술에 짙은 눈썹과 날카로운 눈매는 후백제군을 단숨에 제압하고도 남을 기세였다. 그런 장군의 모습에서 대장부의 호탕한 기개와 목숨을 바쳐 주군을 지키려 했던 충성심을 엿볼 수 있었다.

장군은 왜, 그런 용감한 모습을 내게 보여주지 않았을까? '장군의 강한 자존심이 공산 전투에서 머리 없는 시신으로 남겨진 자신의 모습을 보여주고 싶지 않았을 것이다.' 그래서 사람들에게 '내 모습을 보이지 말라.' 하신 걸까?

그렇게 보려고 해도 보여주지 않았던 장군의 모습을 이제서야 볼 수 있었다.

그는 늠름하고 용맹스러운 장군의 모습 그대로였다.

*공산: 팔공산의 옛 이름

불혹(不惑)에 다시 유혹되다

길을 걸을 때면 주변을 두리번거리며 걸었다. 누군가 하나쯤은 버리고 갔으리란 생각이 들었기 때문이다. 초등학교 시절 어른들이 길가에 버리고 간 담뱃갑(匣)을 줍기 위해 길거리를 다닐 때마다 두리번거렸다.

그때 친구들은 취미로 무언가 한 가지쯤은 모으는 것이 유행이었다. 대부분 친구가 우표를 모았다. 우표를 모은다고는 했지만, 요즘처럼 몇 장이 하나로 붙어 있는 세트나, 사용하지 않은 우표를 모으는 것이 아니고 집으로 배달된 편지에서 우표를 떼어 모으는 것이었다.

처음엔 나도 친구들처럼 우표를 모았다. 그래 집으로 배달되어 오는 편지 봉투에서 우표가 붙어 있는 부분을 가위로 오렸다. 그렇게 오린 우표를 물속에 담가 놓은 후 우표의 뒷면에 붙어 있던 종이가 떨어져 나가면, 그걸 책갈피 속에 넣어

물기를 말려 모았다.

하지만 집으로 배달되어 오는 편지가 별로 없었다. 어쩌다 편지가 온다 해도 봉투에 붙어 있는 우표는 많이 통용되던 몇 종류의 우표뿐이었다.

그렇다고 용돈조차 모르고 살던 처지에 새 우표를 살 돈이 있을 리 만무했고, 설령 돈이 있다 해도 집에서 5km나 떨어져 있는 우체국에 가서 우표를 사기에는 거리가 너무 멀었다. 그런 까닭에 우표를 모으는 일은 분수에 넘치는 일이었다.

친구 중에는 성냥갑을 모으는 친구들도 있었다. 하지만 성냥갑은 화재의 위험이 있고 어느 정도 모으게 되면, 그 양이 많아 보관하는 데 불편할 것 같았다.

'무엇을 모아야 할까?' 하고 생각한 끝에 다른 사람들이 모으지 않는 빈 담뱃갑을 모으기로 마음먹었다. 담뱃갑이라면 돈이 들어갈 필요가 없고 부피도 작을 것 같았다.

사람들이 담배를 다 피우고 나면 빈 담뱃갑을 길거리에 버렸다. 따라서 그걸 줍기만 하면 되고, 담뱃갑은 펼쳐놓으면 평면 형태의 종이가 되기 때문에 부피가 작아 많이 모아도 보관하기에 편리할 것 같았다.

그래서 담뱃갑을 모으기로 하고 길을 가다가 빈 담뱃갑을 보면 줍기 시작하였다. 담뱃갑을 처음 모으기 시작한 50년대 후반엔, 농민들이 허리띠를 졸라가며 보릿고개의 애달픔을 달래며 피웠던 '풍년초'나 '수연' 등을 모았고, 형편이 좀 나은 사람들이 피웠던 궐련(卷煙)* 담배인 '파랑새'와 '진달래', '백양' 등도 모았다.

그리고 성년이 되고부터는 모으고 싶은 담배를 사서 피운 후 빈 갑을 모았다.

하지만 우리나라에서 판매되던 담배의 종류가 그리 많지 않아, 다양한 종류의 담뱃갑을 모을 수 없었다. 취미로 어떤 물건을 모을 때는 그 종류가 많아야 모으는 재미가 있는 법인데, 담뱃갑의 종류가 겨우 십여 종밖에 되지 않아 별 재미가 없었다. 그래 더 많은 종류의 담뱃갑을 모으기 위해 양(외국) 담배를 구해 보려 했지만 쉬운 일이 아니었다. 그 시절 양담배는 구하기도 어려웠지만 그걸 갖고 있거나 피우다가 들키면, 10년 이하의 징역이나 150만 원 이하의 벌금을 물었기 때문이다. 그런 양담배도 미군 부대 PX를 통해 어렵게 구할 수 있었는데, 그렇게 구한 양담배도 대부분 '팔말(PALL MALL)' 이나, '말버러(Marlboro)', '윈스턴(Winston)'뿐으로 종류가 다양하지 못했다.

그 외에 외국 여행을 떠나는 사람들에게 부탁해서 몇 종류의 담뱃갑을 더 구할 수 있었다.

그 후 베트남 전쟁에 우리 국군이 파병되었고, 중동지역에 우리의 근로자들이 나가 일을 하면서 양담뱃갑은 구하기가 좀 더 수월해졌다.

그렇게까지 하면서 담뱃갑을 모았지만, 그 종류가 얼마 되지 않았다. 하지만 같은 이름의 담뱃갑도 디자인이 바뀌고, 국가 기념일에 판매되는 기념 담배가 있어 담뱃갑의 수가 늘어나게 되었다. 또한, 기념 담배에는 국경일 등의 연도가 인쇄되어 세월의 흐름을 가늠할 수 있었고, 얼마나 오래된 것인지 짐작할 수 있어 좋았다.

그렇게 오십여 년간 모은 담뱃갑의 종류가 많지는 않지만, 기념 담뱃갑까지 포함하면 1,500여 종이 넘는다.

지금은 우리나라에서 생산되는 담배의 종류도 많아졌고 양담배도 국내 판매가 허용되어, 슈퍼나 마트에 가면 진열대에 각양각색의 담배들이 애연가들의 손길을 기다리고 있다. 이제 마음만 있으면 다양한 종류의 담배를 살 수 있어 모으기도 전보다 훨씬 수월해졌다.

하지만 지난 정초부터 사십여 년간 즐겨 피웠던 담배를 끊게 되어 담뱃갑을 모으는데도 지장이 생겼다.

사람들은 나이 사십이 되면 불혹(不惑)이라 말한다. 여기서 불혹이란 '사물의 이치를 터득하여 세상일에 흔들리지 않을 나이'를 말하는 것이다.

지금까지 사십여 년간 담배를 피워왔으니, 흡연 연령으로 보면 불혹의 나이가 된 것이 아닌가? 하지만 이제 와서 흡연이 몸에 해로운 것을 깨닫고 담배를 끊게 되었는데, 아직도 철이 덜 든 모양인지 빈 담뱃갑을 줍기 위해 오늘도 길거리를 걸으며 두리번거린다.

흡연 나이 불혹에 다시 담뱃갑의 유혹에 빠져든 것이다.

*궐련(卷煙): 담뱃잎 가루를 종이로 말아 놓은 담배를 말한다. 하지만 50년대엔 담뱃잎 가루를 봉지에 넣어 파는 담배가 있었는데, 그 가루를 신문지나 종이에 말아서 피웠던 담배가 '풍년초'나 '수연'이다.

가을 왕자

차창 밖으로 보이는 너른 들판이 황금 물결로 일렁인다. 가을은 오곡백과가 무르익어 들판을 바라만 봐도 마음이 풍족하다. 누렇게 익은 곡식을 가꾸기 위해 농부는 이른 봄부터 거름을 주고 갈이를 한 후, 씨를 뿌렸다.

가을은 들만 풍족한 것이 아니다. 과수원이나 야트막한 산기슭에도 대추가 볼이 붉어지고, 밤도 알이 굵어지기 시작한다. 가을은 이렇게 우리 곁으로 다가오는 것이다. 가지마다 열매를 매달고 있는 사과나무와 감나무도 그 무게에 겨워 힘들어하고 있다. 달빛은 희고, 바람 또한 맑은 계절이 가을이다.

풀잎이 빛을 바꾸고, 나무가 이파리를 벗을 때쯤이면 몇 장 남지 않은 이파리 사이로 푸른 열매가 보인다. 개중에는 입 벌린 석류처럼 갈라진 틈 사이로 갈색 열매도 보인다. 이 열매가 호두(胡桃)다.

호두는 고려 충렬왕(1290년) 때 유청신이란 사람이 원나라에서 임금을 모시고 올 때 가져왔다고 한다. 이때 호두나무 묘목과 열매를 가져왔는데 묘목은 광덕사 경내에 심고, 열매는 자신의 집 뜰 앞에 심었다. 그래 호두가 처음 재배된 곳이 천안에 있는 광덕사 주변이라 한다.

호두가 처음 들어왔을 때는 이름이 없었다. 사람들은 호(胡)나라에서 가져왔고 모양이 복숭아(桃)와 같다 해서, 호도(胡桃)라고 불렀다. 그 후, 한글 표기법에 의해 호두라 부르게 되었다고 한다.

추석이 지나고 큰 사위가 고향 집에 다녀오면서 호두를 한 말 가져왔다. 보기만 해도 마음이 풍족하다. 올겨울도 호두와 함께 심심찮게 보낼 것 같다.

전에는 호두가 귀해서 여느 과일처럼 쉽게 먹을 수 없었다. 하지만 지금은 여러 곳에서 호두를 재배하고, 외국에서도 수입해 오기 때문에 누구나 즐겨 먹을 수 있는 과일이 되었다.

내가 처음 호두를 본 것은 어렸을 때였다. 옆집에 큰 호두나무가 있었는데, 가지 끝이 우리집 담장 가까이 뻗쳐 있었다. 봄에 꽃을 피운 호두나무는 여름이면 푸른 열매를 맺는데, 그 표면에 흰 반점이 있었다. 가을이면 커진 열매가 연한 갈색으로 변하며, 겉껍질이 갈라지기 시작했다. 갈라진 껍질 사이로 호두알이 보이기도 했다.

태풍이 몰아치거나, 세찬 비바람이 불면, 호두열매 몇 개가 우리 집 담장 안으로 떨어졌다. 떨어진 호두를 줍는 날은 그렇게 좋을 수가 없었다. 호두는 껍데기가 딱딱해서 잘 까지지 않았다. 돌이나 망치로 살짝 두들겨야 연한 속살이 드러났다. 그렇게 얻은 귀한 호두는 고소하고 맛이 좋았다. 마음 같아선 더 먹고 싶었지만 먹을 수 없었다. 더 먹고 싶은 마음에 비바람이 더 세게 불기를 바랐으나 비바람은 불지 않았다.

호두열매의 속은 사람의 머릿속과 같이 구조가 복잡했다. 견고한 껍데기 속에 열매가 있는데, 골마다 연한 알맹이로 속이 꽉 차 있었다. 맛은 처음엔 약간 떫은맛도 있었지만 씹을수록 고소했다.

호두는 두뇌 발달에 필요한 영양소가 들어 있고, 고혈압, 동맥경화에도 효과가 있다 하여, 건강식품으로도 인기가 있다.

호두는 첫 번째 껍질이 녹색의 육질로 되어 있고, 그 껍질을 벗기면 견고한 껍데기가 하나 더 있다. 그 견고한 껍데기를 깨면 안에 얇은 껍질로 싸여 있는 열매가 들어있다. 호두의 연한 알맹이는 맛이 좋아 어린이부터 노인에 이르기까지 즐겨 먹는 과일이 되었다.

예로부터 궁궐의 왕자는 귀한 몸이라 여러 명의 호위 무사가 그를 보호했다. 호두도 귀한 과일이라서 그런지 세 겹의 껍질로 열매를 보호하고 있다. '세 겹의 껍질이 열매를 보호하고, 많은 사람에게 귀한 과일로 대우를 받는 걸 보면, 호두야말로 과일의 왕자라 할 수 있지 않을까?' 가을에 만난 호두는 과일 중 으뜸이라 가을 왕자라 부르고 싶다.

가을이 점점 무르익어 가고 있다. 이 가을엔 산과 들, 그리고 많은 사람의 가슴에도 호둣속처럼 실속 있고, 보람 있는 계절이 되었으면 한다.

향기가 흐르는 광남서원

한양에 수배령이 내렸다. 관군들은 혈안이 되어 대역 죄인을 잡으려고 길목마다 지키며 검문을 했다. 그는 아무 영문도 모른 채 쫓기는 몸이 되어 물동이 속에 꼭꼭 숨어 있었다. 한 올의 머리카락이라도 보일까 봐 숨을 죽이고 있었다. 그래야만 살 수가 있었다.

어제까지만 해도 그는 세도가 당당했던 영의정 집 손자였다. 감히 누가 그를 함부로 대할 수 있었단 말인가? 하지만 하룻밤 사이에 역적이 되어 쫓기는 몸이 되었다. 그는 살기 위해 어디론가 숨을 곳을 찾아 한양을 떠나고 있었다.

계유정난으로 수양대군이 정권을 잡자 단종을 모셨던 황보인, 김종서 등의 가족은 하룻밤 사이 역적이 되어 수난을 겪어야 했다. 그들 가족은 대부분 수양대군의 군사에게 살해되거나 처형당했다. 이때 기사회생으로 살아남은 사람이 있었으니, 그가 바로 영의정 황보인의 손자 황보단(皇甫湍)이다.

황보단은 황보인의 둘째 아들 황보흠(皇甫欽)의 소생이다. 황보흠의 하인 단량(丹良)은 주인집 아들 단(湍)을 살리기 위해 기발한 생각을 해냈다. 단을 물동이 속에 숨겨 넣고 피난을 떠난 것이다. 한양의 사대문에는 모두 경비가 삼엄했다. 역적과 그 가족들을 잡기 위해서였다. 한양의 남쪽 관문인 숭례문에 도착한 단량은 가슴이 뛰고 다리가 후들거렸다. 물동이 속에 있는 도련님이 관군에게 들킬까 봐 그랬다. 긴장되어 얼굴은 달아올랐고 다리가 후들거려 걸음을 걸을 수 없었다. 드디어 단량의 검문 차례가 되었다. 관군이 단량을 아래위로 훑어본 후 검사를 했으나 물동이는 들여다보지 않았다. 간신히 숭례문을 빠져나온 단량은 뒤도 돌아보지 않고 쉬지 않고 걸었다. 몇 날 몇 밤을 걸었을까? 단량이 한숨을 돌린 후 도착한 곳은 경북 봉화였다. 그곳에 황보인의 사위 윤당이 살고 있었다.

윤당은 황보인의 가족들이 모두 화를 당한 줄 알았는데 단이 살아있는 것을 보자 무척 반가웠다. 하지만 윤당은 이곳도 그들이 안전하게 머물기엔 적당한 장소가 아니라는 걸 알고 있었다. 윤당은 그들이 사람들에게 들키지 않도록 단량의 옷을 갈아입힌 후, 여비를 주며 더 깊은 곳으로 피난을 가 숨으라고 하였다. 그리고 단을 자식처럼 키운 후에 조상의 내력에 대해 알려주라고 당부하였다.

단량은 다시 길을 걸었다. 한양에서 더 멀고 먼 곳에 있는 땅끝마을 포항의 구만리(九萬里)까지 갔다. 사람들은 그곳이 서울에서 아주 먼 곳이라 하여 구만리라 불렀다.

그곳에서 충성스런 하인 단량은 단을 자식처럼 키웠고, 단은 단량을 어머니로 알고 섬기며 자랐다. 어느덧 단이 자라 성인이 되던 어느 날, 단량은 단에게 큰절을 올린 후, "소인이 죽을죄를 지었나이다."라며 용서를 빌었다. 갑작스러운 어머니의 행동에 당황한 단은 어찌해야 할 바를 몰랐다. 이때 단량은 눈물을 흘리며 그간에 있었던 황보 가문의 가족사와 자신은 황보씨 가문의 하인이었다는 말을 했다.

그 후 세월이 흐른 후 황보단의 후손이 광남서원(廣南書院)이 있는 구룡포읍 성동리로 이주해 살기 시작하였다.

포항에서 출발해 굽이진 시골길을 돌고 돌아 뇌성산 기슭에 있는 광남서원을 찾았다. 이곳은 황보인과 그의 두 아들의 제사를 모시고 후학들을 교육하기 위해 지방 선비들과 황보단의 후손들이 세운 건물이다. 서원 안으로 들어가면 광남서원의 현판이 걸려 있는 강당 숭의당이 있고, 그 뒤로 제실인 충정묘(忠定廟)가 있다. 그리고 충정묘 오른쪽으로 난 돌계단을 따라 올라가면 추원단(追遠壇)이 나온다. 이곳에 황보단과 아들 서(瑞)와 손자 강(剛)의 비(碑)가 모셔져 있다. 또한, 추원단 입구에는 '忠婢丹良之碑(충비단량지비)'라 새겨진 단량의 비가 있다. 비는 오랜 세월을 지내온 듯 빛이 바래 있었다. 황보단의 후손들이 가문을 잇게 해준 충직한 하인 단량의 고마운 마음을 보답하기 위해 비를 세워준 것이다.

비를 보며 좀 야속하다는 생각이 들었다. 왜, 자기 조상들의 비는 비바람을 피할 수 있도록 비각 안에 세우고, 은인의 비는 노천에서 세워 비바람을 맞게 했단 말인가? 하인이라서 차별한 것일까?

그리 생각하며 나오는데 오른쪽에도 비각이 또 하나 있다. '누구의 비각일까?' 생각하며 자세히 들여다보았다. 황보가의 후손들도 나와 같은 생각을 했던가 보다. 그곳 비각 안에는 '忠婢丹良之碑(충비단량지비)'라 새겨진 단량의 비가 있었다. 황보가의 후손들도 은인의 비가 노천에서 비바람을 맞고 있는 것이 마음에 걸렸던 모양이다.

참으로 고마운 마음이다. 하인의 비를 서원 안에 세워두고 추모하는 곳이 이곳 말고 또 다른 어느 곳에 있단 말인가? 광남서원에는 향기가 흐른다. 충직한 마음으로 주인을 모셨던 단량의 향기와 그 은혜를 돌에 새긴 황보가(皇甫家) 후손들의 향기다. 광남서원에는 수백 년 세월이 흐른 후에도 꽃보다 더 진한 마음의 향기가 흐르고 있었다.

*이 글이 발표된 후, 맨 처음 세웠던 단량의 비는 비각 안으로 옮겨졌고, 비각 안에 있던 나중에 세운 비는 밖으로 옮겨놓았다.

주름

파도가 밀려온다. 바람을 안고 밀려온다. 바람은 잔잔한 수면 위에 수(繡)를 놓기도 하고 출렁이는 파도를 만들기도 한다. 바람에 밀려온 파도는 모래 위로 밀려온다. 곱게 밀려와 물거품을 토해 놓고 미끄러지고, 거세게 달려왔다 말없이 스러져 버리기도 한다.

파도가 모래 위를 스쳐 간 뒤에는 모래톱을 남긴다. 파도가 남긴 자국은 사람의 이마에 새겨진 주름과 같다는 생각이 들었다. 그래서 곱게 밀려간 자국은 상냥한 계집아이의 스커트에 잡힌 주름처럼 해맑기만 하고, 거칠게 밀려간 자국은 여름날 나무 그늘에서 주인 몰래 낮잠을 자다 소나기에 쫓겨가는 선머슴의 바짓자락에 생긴 구김살과 같다.

치마에 잡힌 주름은 다림질로 생기고, 모래 위에 새겨진 자국은 파도에 의해 생긴다.

주름은 여학생들의 교복 치마에도 잡히고, 신사들의 바지에도 잡힌다. 주름이 잘 서 있으면 보기에도 깔끔하지만, 하나의 주름이 잡히고 중간쯤 해서 두 갈래로 주름이 선 것은 보기에도 거북하다. 그것은 다림질을 잘못한 탓이다.

사람의 얼굴에도 주름이 생긴다. 이마에 생긴 주름은 사람에 따라 각기 다른 모양의 주름이 된다. 주름이 나이에 맞게 생긴 것이라면 오히려 그 사람의 얼굴에서 인자함과 존엄성을 엿볼 수 있지만, 바지에 생긴 구김살처럼 생겼다면 그 사람의 품위를 잃게 할 것이다.

나이는 어린데 구겨진 주름살이 한두 가닥 잡혀 있다면, 조금은 서글픈 느낌이 든다. 어제까지만 해도 싱싱하던 고춧잎이 간밤에 내린 서리를 맞고 시들어 버린 것처럼, 해맑은 얼굴을 가져야 할 나이에 어떤 고민이 있길래 벌써 이마에 구김살이 생겼을까?

주름은 누구에게나 생기기 마련이다. 하지만 이마에 생긴 주름은 살아온 인생 편력에 따라 달리 새겨지기도 한다.

어린 여학생의 이마에 생긴 주름은 생활에 찌든 느낌을 주고, 여인이 웃을 때 콧등에 생기는 잔주름은 좀 간사스러운 인상을 준다.

여자들은 주름을 싫어하지만 아무리 곱게 늙는다고 해도 주름은 생기게 마련이다. 여자들의 주름은 50세 이후에 생기는 것이 제격일 것 같고, 그때 생기는 주름이라야 그 사람의 얼굴을 손상하지 않을 것이다. 주름은 50세를 전후로 해서 가늘게 이마를 가로질러, 회갑 무렵에는 완연한 모습이 드러나는 것이 자연스럽게 보이지 않을까.

백발은 성성한데 이마에 주름 하나 없이 팽팽하다면, 그 사람은 인생을 헛살아 온 느낌마저 들 것이다.

남자의 이마에 생기는 주름이라면, 30세부터 가늘게 한 줄을 긋다가 40세쯤 해서 두서너 줄 밭이랑처럼 완연하게 새겨지는 것이 더없이 멋진 주름일 것이다.

그러나 내 이마의 주름은 어떠한가. 20세부터 금이 가기 시작해서 눈을 위로 치켜뜨면 주름이 지는데, 수평으로 반듯하게 나가지 못하고 밑으로 좀 처진 듯한데, 그사이에 짧게 새겨진 주름도 두 개나 있다. 그러니 내가 바라는 이상적인 주름은 아닌 것 같다. 그것은 마음을 다림질하는 다리미가 주름을 잘못 잡아 구겨진 탓일 것이다.

구겨진 주름이라도 다시 펴서 반듯하게 다려야 할 텐데, 한 번 잡힌 주름이라 바지의 주름처럼 다시 펴고 다림질할 수가 없다. 이제부터는 잡힌 주름이라도 더 구겨지지 않도록 잘 간직하면서, 앞으로 잡힐 주름이나 곱게 잡히도록 마음의 다리미에 온도 조절을 해 나갈 생각이다.

이마에 잡히는 주름보다 마음에 생기는 주름이 보기에 더 흉하기 때문이다.

평생을 그리워하던 파진산

어렸을 적 꿈이 이젠 그리움으로 남아 있다. 초등학교 시절엔 그 산의 이름이 교가에도 있어 학교 행사 때마다 불렀다. 또한 우리집이 동향집이라 날마다 그 산을 볼 수 있었다. 그 산은 부여군 석성면 봉정리에 있는 파진산(破陣山)이다. 백제 멸망의 슬픈 전설을 간직한 채, 휘돌아가는 백마강에 산자락을 적시며 흐느껴 울던 산이다.

어렸을 때부터 나는 그 산을 바라보며 살았다. 그 산은 근방에서 제일 높은 산으로 경사가 심해서 쉽게 오를 수 없는 산이라고 소문이 났었다. 게다가 산이 강 건너에 있기 때문에 가보지 못하고 바라만 보던 신비로운 산이었다. 우리 동네에선 그 산에 가 봤다는 사람이 아무도 없었다. 그래 언젠가는 그 산에 꼭 한번 가 봐야겠다고 마음을 먹었다.

드디어, 오늘 60여 년간을 별러왔던 파진산에 가보기로 하였다. 높고 수려해서 이름난 산은 아니지만, 어렸을 적부터 가보고 싶었던 산이라 마음이 설렜다.

처음 가는 산이라 위험을 대비해 친구들과 함께 나섰다. 우리는 석성면 현내 2리에 있는 평화교회 쪽으로 올라갔다. 가파른 길을 숨을 몰아쉬며 15분 정도 오르니 산 정상에 도착했다. 그토록 가보고 싶었던 파진산에 올라온 것이다. 정상은 평평했다. 먼저 내가 살던 장암면 장하리 쪽을 바라봤으나 큰 소나무들이 병풍처럼 가리고 있어 잘 보이지 않았다. 하지만 백마강 하류 쪽은 앞이 확 트여 논산과 강경, 임천 방향은 시원하리만큼 잘 보였다. 유유히 흐르는 백마강, 그 양옆으로 너른 들이 펼쳐져 있고 그 끝에 높고 낮은 산이 솟아 있다. 그곳에서 아름다운 풍광을 한동안 바라보았다. 하지만 내가 살던 고향은 보이지 않아 산 정상에다 아쉬움 한 자락을 남겨 두고 내려왔다.

이곳에 온 김에 파진산 능선에 있는 석성산성(石城山城)에도 가보기로 하였다. 석성산성으로 가는 길가에 탑골공원이 있다. 공원에는 백제무명용사들의 영령을 위로하는 충혼비가 세워져 있다. 먼 옛날 석성산성에서 주둔하던 백제 병사들은 나·당 연합군을 맞아 위기에 처한 나라를 구하기 위하여 목숨을 바쳐 싸웠을 것이다. 병사들의 피맺힌 절규와 처절한 몸부림도 많은 적을 막아내기엔 중과부적이었을 것이다. 그들은 목숨을 바쳐 석성산성을 지키려 했지만 성은 함락되고 사비성 마저 적에게 빼앗기니, 그 영혼들은 눈물을 흘리며 허물어진 산성 주변을 맴돌고 있으리라.

다행히 그들의 충정을 안타깝게 생각하는 사람들이, '석성 산성 수호 백제무명용사 충혼비'를 세워 그들의 넋을 위로하고 있었다.

마을 안쪽에 산성으로 가는 길이 있다. 그곳에서 산 중턱까지는 자동차를 타고 올라갈 수 있었다. 산언덕엔 많은 돌무더기가 흩어져 있고, 일부는 돌을 쌓아 성을 복원하는 공사가 한창 진행되고 있었다.

석성산성은 사적 제89호로 백제의 수도인 사비성 남쪽을 방어했던 산성이다. 성 아래에 차를 주차하고 걸어서 정상으로 간다. 여기저기에 흩어진 돌무더기를 지나 정상인 옥녀봉에 올랐다. 이곳은 사방이 탁 트인 봉우리라서 시야가 넓고 앞이 시원하게 보인다. 파진산 정상에서 보지 못했던 나의 고향은 물론, 백마강 상류 쪽인 부여도 잘 보였다. 사방을 돌아보며 아름다운 풍경을 마음껏 조망할 수가 있었다. 여기서 아름다운 경치를 더 감상하고 싶었지만, 가보고 싶은 곳이 남아 있어 옥녀봉에서 내려왔다.

마지막으로 백마강변에 있던 봉무정 나루터로 갔다. 이곳은 전에 장암면 하황리와 석성면 봉정리를 잇는 나루가 있던 곳이다. 하지만 나루터는 흔적조차 없다. 다만, 추억을 그리워하는 나그네만이 짙은 향수(鄕愁)를 넋두리로 남기고 떠나가는 곳이 되었다.

어렸을 적 파진산은 경사가 심하고 산 아래로 강물이 흘러 사람들이 쉽게 다니지 못했는데, 지금은 자전거 종주길이 생겼다. 길을 따라 강의 상류 쪽으로 가보았다. 참으로 아름다운 길이다. 이렇게 아름다운 길이 파진산 자락에 숨겨져 있다니….

길 왼쪽으로 강물이 흐르고 오른쪽으론 산의 절벽이다. 포장된 길을 자동차로 조금 가니 봉정리 취수장이 나온다. 여기서부터는 데크길이라서 차가 들어가지 못한다. 걷거나 자전거로만 갈 수 있는 길이다.

중국의 천문산 귀곡잔도에선 아래가 천 길 낭떠러지라서 오금이 저렸는데, 여기 데크길 아래엔 시퍼런 강물이 흐르고 있어 가슴을 조인다. 산 절벽에서 뻗어 나온 나뭇가지가 데크길 위로 아치를 그리며 강 쪽으로 향했다. 이 길은 전율을 느끼며 아름다운 경관을 감상할 수 있는 환상의 길이다. 앞에 펼쳐지는 새로운 풍경에 취해 한동안 길을 걷다 보면 어느새 데크길이 끝나고 현북 양수장이 나온다. 여기서부터는 부여 쪽으로 가는 자동차 길이다.

백마강 상류 쪽을 바라본다. 강 가운데에 자연스레 만들어진 작은 섬들이 있어, 또 다른 경관이다. 강물 위에 나무와 억새 그림자가 비치고, 작은 섬들 사이로 청둥오리들이 평화롭게 유영을 한다. 강은 맑아 거울 같은데 작은 섬에서 자란 나무와 억새가 바람과 어우러져 춤을 춘다. 여기 물 위에 비친 그림자는 어느 솜씨 좋은 화가가 그린 뛰어난 그림이 아니던가? 참으로 아름다운 풍경이다.

당나라 시인 백거이(白居易)는, '경치가 좋은 곳은 본래 주인이 없다.'고 하였다. 내가 이곳의 주인이 된 것 같다.

무릉도원이 따로 있다던가. 이곳이 바로 선경(仙境)이요 무릉도원이 아닌가. 한동안 넋을 잃고 앞에 펼쳐진 아름다운 경관을 바라보았다. 파진산 자락에 파노라마처럼 펼쳐지는 멋진 풍광을 바라보며, 오늘 이곳에 오기를 잘했다는 생각이 들었다.

다시 한번 앞을 바라보았다. 바로 강 건너가 나의 고향이다. 지척이라서 가보고 싶었지만, 강물이 앞을 막아 가지 못한다. 산이 강을 건너지 못하듯 나도 강을 건너지 못했다.

가문의 명예를 건 패션쇼

어린이날 행사를 뿌리공원에서 한다기에 아들과 함께 집을 나섰다. 그곳 가는 길은 이미 차량 행렬이 줄지어 있어, 가다 서기를 반복한다. 행사 때문에 평소보다 많은 사람이 그곳을 찾고 있는 것이다.

가문의 명예를 건 패션쇼가 열리는 뿌리공원. 그곳은 성씨(姓氏)나 본관(本貫)에 따라 후손들의 정성을 모아 조형물을 세우고, 자신들의 뿌리를 또 다른 후손들에게 알려주기 위해 만든 조각 공원이다. 조형물마다 성씨를 상징하는 모형을 만들고 그곳에 성씨 유래와 시조(始祖)의 이름, 그리고 가문을 빛낸 분들의 이름을 새겨 놓았다.

후손이 번창한 성씨는 본관에 따라 조형물을 세웠는가 하면, 희성(稀姓)이거나 후손이 적은 성씨는 하나의 조형물로 그 성씨를 대표하고 있었다. 여기저기에 화강암과 대리석, 청동

등을 조화롭게 구성하여 만든, 50여 개의 조형물을 보며 성씨마다 자기네 성이 제일이라 자랑하고 있는 것 같은 느낌이 들었다. 하지만 공통점도 있었다. 가문마다 서로 경쟁이라도 하듯 돋보이려고 노력했다는 점이다.

지난날 권문세가는 가문의 자존심을 되살려 보았고, 과거가 화려하지 못했던 가문도 오늘의 결실을 앞세워 뿌리를 북돋워 주고 있었다.

본래 우리가 가진 성명(姓名)은 그 구성과 개념이 특이하여, 개인과 가문의 계대(系代)까지 알 수 있다고 한다. 그 이유는 성과 본관으론 가문을 알 수 있고, 이름의 항렬(行列)로는 가문의 대수(代數)를 알며, 자(字)로선 개인을 구별할 수 있기 때문이다. 따라서 뿌리공원은 성씨의 기본 개념을 일깨우고 자신들의 뿌리를 후손들에게 알리고자, 대전광역시 중구청에서 지난 연말에 만들어 놓은 곳이다.

외래문화에 심취해 쉽게 내 것을 잃어 가는 현대인들에게, 내 것의 소중함과 옛것을 되찾을 수 있는 계기를 마련하고자 조성한 것 같다.

이제 나도 뿌리를 찾아야겠다. 해주(海州) 최가의 조형물을 찾기 위해 이곳저곳에 세워져 있는 조형물과 그곳에 새겨진 성씨의 유래를 읽으며 평지에서 언덕으로 길을 따라 다녔다. 경사진 언덕길을 따라 오르면 있을 것 같아 오르면서 둘러보았지만 보이질 않는다.

어린 시절 보물찾기를 하는 기분이다. 곧 찾을 것 같으면서 쉽게 찾을 수 없던 것이 보물찾기가 아니던가. 다른 아이들은 잘도 찾는데 나는 잘 찾지 못했다. 설레는 가슴으로 보물이 숨겨져 있을 만한 곳을 찾아 돌도 들춰보고 낙엽도 헤쳐 봤지만, 보물은 내 손에 들어오지 않았다. 이렇게 둔한 습성 탓인지 해주 최가의 조형물도 쉽게 눈에 들어오지 않았다. 공원에 세워져 있는 조형물들을 거의 다 둘러봐도 보이지 않았다.

'만약 해주 최가의 조형물이 없다면 어떡할 것인가?' '그렇다면 같이 온 아들한테 가문의 망신까지 당하는 게 아닐까?' 하고 은근히 걱정도 된다.

공원 끝까지 거의 다 둘러보았을 때, 저쪽에서 "찾았다." 하는 소리가 들린다. 아들이 자신의 성을 찾았다고 외치는 반가운 소리였다. 그제야 비로소 나도 가문도 안심이 되었다.

해주 최가의 조형물은 고려 중기의 명문가(名門家)답게 공원 왼쪽의 중간 언덕에 의젓하게 자리를 잡고 있었다.

서 있는 사람의 형상을 청동으로 만들어 놓았다. 최(崔) 자의 맨 위에 있는 뫼 산(山) 자로 사람의 머리와 양쪽 팔 모양을 만들고, 그 밑의 새 추(隹) 자로는 척추를 중심으로 양쪽 갈비뼈가 뻗쳐 있는 몸통 부분을 만들어, 몸통을 두 다리가 받치고 있는 형상이었다. 중간석인 오석(烏石)엔 해주 최가의 유래와 시조(始祖), 그리고 가문을 빛낸 조상님들의 이름이 새겨져 있었다.

보물찾기를 마친 나는 아들과 함께 조형물을 배경으로 기념사진을 찍었다.

뿌리 공원에 있는 조형물들은, 각 성씨가 자신의 가문을 자랑하듯 최고의 멋을 부리고 있었다. 무대의 모델들이 자신의 몸매와 멋을 마음껏 자랑하는 패션쇼를 보는 듯한 느낌이 들었다.

조형물들이 있는 앞 둔치에는 넓고 편평한 잔디밭이 있다. 둔치 중앙에 설치한 가설무대에선 어린이날 행사의 하나로, 요란한 밴드 소리에 맞춰 노래와 율동이 한창이다. 어린이와 어른들이 함께 어우러져 춤의 축제를 벌이고 있었다.

잔디밭 둘레로 난 길을 따라 걸었다. 잔디밭 끝엔 시퍼런 물이 넘실대는 호수가 있다. 난간에서 시원한 호수를 바라본다. 물 위로 모터보트 한 대가 물찬 제비처럼 물길을 가르며 날쌔게 미끄러져 간다. 보트에 탄 아이들이 즐거워 환호성을 지른다.

보트에 의해 갈라진 파문이 점점 넓게 퍼져 내 곁으로 다가와 팔을 내민다. 난간에 물결 부딪치는 소리가 들린다. "살려달라." 애원하는 나지막한 소리였다.

9년 전, 내가 담임을 했던 학생이 이곳에서 목숨을 잃은 일이 있었다. 공고 3학년 학생이라 현장 실습을 나갔는데, 휴일 친구와 함께 이곳으로 놀러 와 수영을 하다 그만 익사를 한 것이다. 그런 사연 때문에 이곳에 오지 않았는데, 오늘은 아들이 졸라대는 통에 오게 되었다.

이곳도 이제 지난날의 흔적은 거의 찾아볼 수가 없다. 지난 연말에 뿌리공원이 들어섰고, 호수를 가로지르는 만성교(萬姓橋) 건너편엔 안락한 노후 생활을 즐길 수 있는 장수마을이 생긴 것이다.

세월은 기쁨과 슬픔을 모두 시간 속에 묻고, 새로운 사람과 환경을 위해 존재하는가 보다. 이곳에 모인 많은 사람이 호수에 잠긴 슬픈 사연을 모르고 즐거워하고 있다. 어둠이 지나면 밝은 해가 뜨고 절망 뒤에 희망을 노래하듯, 많은 사람이 각 성씨가 연출하는 패션쇼를 보기 위해 이곳을 찾고 있다. 그들도 자신들의 뿌리를 찾았을까?

돌아오는 길에 만난 어린아이의 맑은 미소가 너무나 곱다.

짧은 생애 긴 여운

한 마리만 잡으면 점심 한 끼쯤은 굶어도 배가 고픈 줄 몰랐다. 어린 시절 잠자리는 잡기 쉬웠지만, 매미는 잘 잡히지 않았다. 잠자리가 눈에 잘 띄는 낮은 곳에 앉아 있을 때, 매미는 높은 나무에 숨어 있었다. 하지만 노랫소리는 가까이서 들을 수 있었다.

아침 일찍부터 매미가 노래를 한다. 어제 못다 한 노래가 있어 오늘 다시 부르는가. 그 노랫소리를 들으면 찌는 듯한 무더위도 잠시 잊을 수가 있다.

매미는 땅속에서부터 도인(道人)의 기질을 타고 태어나는가 보다. 도인이 여러 해 동안 깊은 산 속에서 수도(修道)를 하고 세상에 나오듯, 매미도 긴 세월을 땅속에서 머물다 나온다.

또한, 매미는 고결한 선비의 기질을 갖고 태어난 것 같다. 깔끔한 옷을 즐겨 입고 허튼 곳에는 앉지 않으며, 고대광실 높은 집에서만 앉아 있다.

매미는 이슬만 먹고살기 때문에 취(醉)해서 노래도 잘한다. 참이슬*에 취한 술꾼들이 부른 노래를 계속 부르듯, 매미도 같은 노래만 반복해서 부른다.

옛사람들은 매미가 군자의 오덕(五德)을 갖추었다 하여, 군자지도(君子之道)의 상징이라 하였다.

그 이유는 '머리에 갓끈이 있으니 문(文)이요, 이슬을 먹고 사니 청(淸)이며, 곡식을 먹지 않는 것은 염(廉)이고, 집을 짓지 않고 사는 것이 검(儉)이며, 계절을 지키는 것을 신(信)이라.' 하였다.

군자의 오덕까지 갖춘 매미지만 그의 생애는 너무 짧다. 하지만 생명이 다하는 날까지 즐거운 노래만 부를 뿐, 결코 슬픈 노래는 부르지 않는다.

비록 짧은 생애일지라도 긴 여운을 남기는 맑고 기품 있는 노래를 다시 들어보고 싶다.

*참이슬: 이슬이란 뜻으로 ○○주조에서 나온 소주 이름을 말하나, 여기서는 일반적인 술을 일컫는 말로 사용하였다.

베를린의 영웅

한 병사가 숨을 몰아쉬며 평원을 달린다. 누구에게 무슨 소식을 전하려고 저리도 급하게 달리는가? 그는 그리스군의 승전 소식을 아테네 시민들에게 알리기 위해 달리는 그리스의 병사 필리피데스다. 약 40km의 마라톤 평원을 쉬지 않고 달렸다. 그리고는 아테네 시민들에게 "우리가 이겼노라."고 외친 후, 그 자리에서 숨을 거두었다 한다. 여기서부터 마라톤의 역사는 시작이 된다.

베를린 올림픽 주경기장엔 손기정 선수의 이름이 새겨져 있다고 한다. 그곳에 한국 선수의 이름이 있다면 얼마나 큰 영광인가? 그 이름을 보고 싶었다.

마침 연수를 받기 위해 독일의 다름슈타트에서 3개월간 머물 기회가 있었다. 주말의 시간을 이용하여 베를린으로 가 그 이름을 찾아보기로 하였다.

초겨울 새벽 4시, 아직도 주위는 어둠이 짙게 깔려 있다. 그의 이름을 보겠다는 의욕 하나로, 찬바람을 가르며 다름슈타트역으로 나가 프랑크푸르트행 열차를 탔다. 6시에 프랑크푸르트에서 베를린으로 가는 초특급 열차 이체(ICE)가 있기 때문이다. 독일이 자랑하는 최대 시속 400km인 이체는, 프랑크푸르트에서 베를린을 쉬지 않고 달려 4시간 만에 도착한다고 하였다.

이체의 일등실로 갔다. 산뜻하면서도 조용한 객실 분위기가 마음에 든다. 게다가 넓은 좌석의 등받이 뒤엔 작은 TV가 하나씩 설치되어 있다. 처음 보는 것이라 호기심이 생겨 TV를 켜는데, 승무원 아가씨가 식사를 가져온다. 하지만 요금이 얼마인지 몰라, 선뜻 식사에 손을 대지 못하고 주위를 살펴보았다. 그랬더니 식사는 나만 주는 게 아니고, 객실에 있는 모든 사람들에게 다 주었다. 아침 일찍 열차를 이용하는 승객을 위하여 제공하는 특별 서비스인 것 같았다. 이젠 긴장도 풀렸고 객실 분위기도 웬만큼 익숙해져, 후식으로 차를 한 잔 주문해 보았다.

열차는 쉬지 않고 어둠 속을 달린다. 얼마나 달렸을까? 차츰 어둠이 걷히면서 들판에 쌓인 흰 눈이 보이고, 이따금 너른 들판에 외롭게 서 있는 나무도 보인다. 미처 겨울 준비를 못 한 나무의 단풍잎에선, 독일의 초겨울 풍경도 엿볼 수가 있었다. 달리고 달려도 보이는 건 끝없이 펼쳐지는 광활한 들판뿐이다. 이 넓은 캔버스 위에 오밀조밀한 한국의 가을 풍경을 그려보는 사이에, 어느덧 열차는 베를린 초오역에 도착하였다.

그곳에선 지하철(U-Ban)을 이용해 올림픽 경기장 역으로 갔다.

경기장 가는 길은 오른쪽에 작은 동산이 있고, 왼쪽엔 국기게양대가 경기장까지 길게 늘어 서 있다. 멀리 주경기장의 모습이 보인다. 그 앞엔 두 개의 사각기둥이 당간지주(幢竿支柱)*처럼 서 있고, 그 사이로 오륜 마크가 보였다.

저렇게 크고 웅장할 수가! 히틀러가 독일 민족의 위대함을 전 세계에 과시하기 위해 개최했다는 베를린 올림픽. 엄청난 비용과 인원을 투자하여, 그가 직접 건립을 지휘했다는 올림픽 주경기장이 아닌가. 그 규모가 62년 전에 세워진 건물이라고는 믿기 어려울 만큼 크고 웅장했다.

추운 날씨라 목도리를 하고 장갑까지 끼었으나 몸이 바싹 움츠러든다. 하지만 손기정 선수의 이름이 이곳에 새겨져 있다는 기쁨과, 같은 한국인으로서의 긍지가 추위를 잊게 하였다.

정문에 도착하여 입장권을 샀으나, 곧바로 안으로 들어갈 수가 없다. 이렇게 크고 넓은 경기장에서 손 선수의 이름이 어디에 있는지 알 수 없었기 때문이다. 이곳에서 손 선수의 이름을 찾으려면 한나절도 더 걸릴 것 같았다. 매표원에게 그 위치를 묻고 싶었으나 짧은 영어 실력이 문제였다. 8년 동안 영어를 배웠지만, 기본회화 하나 제대로 못 하는 것이 안타깝기만 했다. 한숨만 절로 나왔지만 어찌하랴, 무슨 말이라도 해서 찾아볼 수밖에….

'올림픽 대회에서 우승한 선수를 무어라 말할까?'

문득 88서울올림픽 때 아나운서가 소리를 높여 외치던 말이 생각났다. 그래 '올림픽 챔피언'이란 바로 그 말이다. 그다음 선수들의 이름이 어디에 있느냐?고 물으려면 어떻게 할까?

용기를 내서 말도 되지 않는 영어를 해 보기로 하였다.

"할로, 올림픽 챔피언 네임 롸이트?"

매표원이 웃으며, 주경기장 전경이 찍혀있는 사진의 한 곳을 가리켰다. 그가 지적해 준 곳을 찾기 위해 경기장 안으로 들어갔다. 한때는 수십만 관중이 운집했을 경기장이지만 오늘은 텅 비어 있다. 아무도 없는 경기장 중앙엔 파란 잔디가 깔렸고, 붉은 트랙 위엔 흰색 라인이 선명하게 그려져 있다. 관중석 중앙에 있는 본부석을 지나 선수들의 이름이 새겨져 있다는 출구 쪽으로 간다.

출구 쪽 벽면엔 세 개의 대리석 판으로 된 대형 기념비가 있었다. 중앙의 기념비에는 오륜기가 그려져 있고, 그 양쪽에 있는 기념비에는 종목별 우승자의 이름이 새겨져 있었다. 설레는 마음으로 손 선수의 이름을 찾아본다. 왼쪽 기념비에서 가까스로 손 선수의 이름을 찾는 순간 기대가 한꺼번에 무너져 내렸다.

'MARATHONLAUF 42195m SON JAPAN'. 이게 웬 말인가? 마라톤 우승자인 손 선수의 국적은 한국이 아니라 일본으로 새겨져 있었다. 여기 'JAPAN'이란 글자를 보기 위해 꼭두새벽부터 서둘러 여기까지 왔단 말인가….

62년 전에 손 선수가 겪었던 나라 없는 설움을, 내가 다시 이곳에서 느껴야 했다.

허전한 마음을 달래며 경기장을 바라본다. 관중은 물론 열정을 다해 뛰던 선수들도 없다.

때마침 겨울의 운치를 더해주려는 듯 함박눈이 내린다. 살며시 잔디 위에 앉는가 하면, 바람 따라 관중석에 앉기도 했다. 어느새 하얀 눈들이 선수와 관중으로 변하여, 비어 있던 경기장 안을 꽉 메우고 있는 게 아닌가.

1936년 8월 9일 올림픽의 꽃이라 불리는 마라톤 경기엔, 세계 27개국에서 56명의 선수가 참가했다. 여기서 우리의 손기정과 남승룡은 32번과 49번째로 각각 경기장을 빠져나갔다. 이어 손 선수가 약 6km 지점에서부터 속력을 내서 4위로 선두그룹에 합류하였다. 하지만 사람들은 1932년 로스앤

젤레스 올림픽 우승자인, 아르헨티나의 자발라 선수를 강력한 우승자로 손꼽았다. 다시 손 선수는 21km 반환점을 앞두고 포르투갈의 디아스를 제치며 2위로 나섰지만, 반환점을 통과할 때까지도 자발라는 계속 선두를 유지했다. 그 후 29km 지점을 통과하면서부터 손 선수가 자발라를 제치고 선두에 나섰다.

손 선수는 계속 선두를 유지하며, 이 대회의 마지막 고비이자 승부처인 비스마르크 언덕을 힘겹게 달려 올랐다.

한편 주경기장에 있는 관중들은 손에 땀을 쥐고, 곧이어 들어 올 마라톤 우승자의 모습을 기다리며 숨을 죽이고 있었다.

드디어 팡파르와 함께 수십만 관중의 환호를 받으며, 382번을 단 손 선수가 주경기장 안으로 들어왔다. 그는 관중들의 환호에 힘을 얻은 듯 혼신의 힘을 다해 결승점으로 질주했다. 그는 올림픽 신기록으로 2시간 29분 19초를 기록하였다. 그 뒤로 영국의 하퍼와 우리의 남승룡 선수도 들어왔다.

시상대에 오른 자랑스러운 손 선수의 모습*을 본다. 머리에 월계관이 씌워지고 일장기가 오르면서 일본의 국가인 '가미가요'가 울려 퍼진다. 그는 계속 고개를 숙인 채 한 번도 우승 깃발을 쳐다보지 않았다. 이러한 모습을 본 일본인들은, '그가 너무 감격한 나머지 고개를 들지 못하고 있다.'고 하였다. 하지만 그는 태극기 대신 일장기가 게양되는 것을 보지 않으려고 그랬다.

이제 쉴 새 없이 내리던 함박눈이 그치고, 경기장에 운집했던 관중들도 보이지 않는다.

마라톤 경기에서 손 선수와 남 선수의 승리는 정말 대단한 쾌거였다. 그들의 승리는 희망을 잃었던 우리 민족에게 자긍심을 높여주었고, 일장기 말소 사건*과 같은 민족혼을 일깨워 주는 계기도 되었다.

자랑스러운 손 선수의 이름을 다시 본다. 하지만 이상하다. 기념비에 새겨진 손 선수의 국적이 다른 선수들의 국적보다 색깔이 더 밝게 보인다.

1970년 8월 15일 밤, 올림픽 기념비 밑을 서성이는 한국인들이 있었다. 그들은 서독에 파견된 간호사들을 위로하기 위하여 독일에 온, 신민당 국회의원 박영록 씨 부부와 부름을 받고 달려온 유학생 이주성 씨다.

세 사람은 준비해 온 시멘트와 물 그리고 미장용 공구를 이용해, 기념비에 새겨진 'JAPAN'이란 글자를 없애고, 그 자리에 'KOREA'를 새겨 넣었다. 그로부터 몇 달 뒤, 기념비에 새겼던 'KOREA'는 다시 'JAPAN'으로 바뀌고 말았던 것이다.

마라톤 경기는 인간이 체력적 한계를 느낄 수 있는 장거리 주루 경주다. 그리스의 병사 필리피데스가 승전 소식을 알리기 위해 마라톤 평원을 달렸다면, 우리의 손 선수는 조국의 아픔을 전 세계에 알리기 위해 베를린 가도를 달렸다.

아직도 기념비엔 우리 민족의 아픈 상처가 남아 있지만, 손 선수의 이름만은 '베를린의 영웅'으로 남아 찬란히 빛나고 있었다.

*당간지주(幢竿支柱): 불교 용어로 절의 문 앞에 세워진 두 개의 기둥을 말하며, 법회 등의 의식이 있을 때 불화(佛畵)를 그린 기(旗)를 그곳에 달았다.

*손기정 선수의 마라톤 장면과 시상식 장면의 동영상을 보면서 글을 썼기 때문에 현재형으로 기술하였다.

*일장기 말소 사건: 1936년 8월 25일 자 동아일보에 베를린 올림픽 마라톤 우승자인 손기정 선수의 사진을 실으면서, 가슴에 달린 일장기(日章旗)를 지운 사건. 이 사건으로 체육부 기자 이길용, 사진부장 신낙균 등이 체포되고 동아일보는 무기 정간처분을 받았다.

보일 듯 말 듯

통영, 언젠가는 꼭 한번 가보고 싶었던 곳이다. 하계 수필 문학 세미나가 통영에서 있어 동료 문우들과 함께 그곳으로 갔다.

그곳에 가면 누군가를 만날 것 같은 생각이 든다. 세미나가 끝나고 저녁에 도남관광단지 해변의 음악 분수대가 있는 휴게 광장으로 갔다. 세미나에 참석했던 사람들이 하나둘씩 그곳으로 모였다. 광장 옆 해변엔 여러 개의 테이블이 놓여 있다. 그곳에서 각 지역에서 온 문우들과 함께 생맥주를 마신 후, 전 통영시장인 ㄱ님의 안내를 받아 해변을 돌아본다. 해변으로 난 길을 따라가다 홀로 쓸쓸하게 벤치에 앉아 있는 한 소녀를 보았다. 여고 이 학년쯤으로 되어 보인다. 쓸쓸하게 앉아 있는 그녀의 모습에서 사십 년 전, 나를 만나기 위해 그곳에 나왔다가 쓸쓸한 뒷모습만 남기고 돌아갔을 한 여고생의 얼굴이 떠오른다.

사춘기에 접어든 고등학교 이 학년 때였다. 우리들의 가을 수학여행은 통영으로 갈 예정이었다. 친구 중 한 명이 통영에 사는 여고생들과 편지를 나눈 후, 수학여행 때 만날 것을 제안해 왔다. 모두가 찬성했다. 하지만 주소와 이름도 모르는 여학생에게 편지를 보낸다는 것은 생각만 해도 우스운 일이었다. 우리는 통영에 있는 한 여자고등학교를 택한 후, 학년과 반, 번호가 같은 여학생들에게 편지를 보냈다.

처음부터 답장이 올 것이란 기대는 하지 않았다. 그 시절 남학생한테서 여학생에게 편지가 와도 담임 선생님이 그 여학생에게 편지를 전달해 준다는 것은 상상도 못 할 일이었다.

편지를 보낸 것조차 잊고 지내던 어느 날, 편지 한 통이 배달되었다. 편지 봉투에 적혀있는 여학생의 이름을 보는 순간 왠지 모르게 가슴이 뛰기 시작했다. 난생처음 받아 본 여학생의 편지였기 때문이다. 마음을 진정하고 천천히 편지를 읽어 보았다. 자신의 소개와 함께 마도로스인 아버지가 엄해서 집으로 편지하지 말고, 친구의 집인 미수 2동 ○○번지로 해 달라는 내용이었다. 그렇게 편지가 몇 차례 오가면서 정이 들었고, 그러는 사이 수학여행 날짜가 다가왔다. 같이 편지를 보냈던 친구들도 여학생들과 만날 약속이 되어 있었다. 친구들 모두 들뜬 기분으로 수학여행을 떠났다.

하지만 나는 어머니께 수학여행을 간다는 이야기조차 꺼내지 못했다. 홀로 계신 어머니께 차마 수학여행을 보내 달라고 할 용기가 나지 않았다. 수학여행을 떠나던 날 나는 어머니를 따라 밭에 가서 땅콩을 캤다. 마음은 이미 친구들과 함께 통영에 가 있었다. 친구들이 여학생들을 만나는 모습을 그려보았다.

며칠 후, 친구들이 수학여행에서 돌아왔다. 교실은 온통 통영에서 여학생들을 만났다는 이야기뿐이었다. 이야기 끝에 나와 편지를 나눴던 ㅂ양의 소식도 전해주었다. 그녀는 나를 만나기 위해 친구들과 함께 약속한 장소에 나왔다가 실망을 하고 혼자 쓸쓸히 돌아갔다고 한다. 얼마나 상처가 컸을까? 미안한 마음이 들었다.

그 후 사진으로만 보았던 그녀를 만나고 싶었지만 그리하지 못하고 세월이 흘렀다.

수필을 쓰면서 내가 쓴 글을 오십 대 후반이 되었을 그녀에게 보내주고 싶었다. 마침 『수필문학』 세미나에서 통영에 사는 한 문우를 만났다. 그녀와 동년배로 보이는 문우에게 그녀의 주소를 알아봐 달라고 부탁을 했다. 그로부터 전화가 왔다. 그녀의 출신학교로 찾아가 학창시절의 주소를 확인한 후, 동사무소 직원 및 경찰의 도움을 받아 어렵사리 서울로 출가해 사는 그녀의 주소를 알아냈다는 것이다.

무척 반가웠다. 그녀로부터 처음 편지를 받았을 때와는 좀 달랐지만 그래도 마음은 설렜다. 그녀는 어떻게 살고 있을까? 궁금하기도 했다. 몇 편의 수필과 수학여행 때 실망하게 해서 미안했다는 말도 함께 전하고 싶었다.

그 후 소식을 기다렸지만, 통영에 사는 문우한테선 소식이 없었다. 이제 만날 수 있다는 희망마저 사라져 갈 무렵, 『수필문학』 세미나에서 통영의 문우를 다시 만났다. 항상 명랑하고 쾌활했던 문우였지만 그날은 표정이 밝지 않았다. 고대했던 그녀의 소식도 전해주지 않았다.

문우를 불렀다. 그는 한동안 망설이다가 그녀의 소식을 전해주었다.

통영의 문우가 서울로 전화를 했다. 딸인 듯한 아이가 전화를 받았다. "어머니와 통화할 수 있느냐?"라는 말에 딸아이는 떨리는 목소리로 "왜 어머니를 찾느냐?"고 말했다. 어머니와는 고향 친구라 하니, 흐느껴 울면서 더는 말을 잇지 못하더라는 것이다. "어머니는 얼마 전 암으로 세상을 떠났다."는 말과 함께 흐느껴 우는 딸의 목소리를 끝으로, 그는 아무 말도 못 하고 전화를 끊었다고 하였다.

그는 반가운 소식을 기다리고 있을 내게 차마 슬픈 소식을 전할 수 없었다고 했다.

그녀의 소식을 묻지 말고, 아름다운 추억으로만 간직했어야 했는데….

한 번도 만나지 못했던 그녀.

오늘 통영에 와서 그녀가 생각날 줄은 미처 몰랐다. 어디선가 웃으면서 반갑게 나타날 것만 같았다.

광장의 분수대에선 물줄기가 힘차게 솟아올랐다가 다시 사그라진다. 하늘을 보며 그녀의 모습을 그려 보았다. 하늘엔 회색 구름에 가린 반달이 희미하게 떠 있다. 그녀가 구름 뒤편에 숨어 나를 바라보고 있는 것 같다. 어두운 달을 보니 우울한 마음이 쉬 가시질 않는다.

이튿날 아침, 숙소인 청소년수련관에서 동요가 흘러나왔다. '보일 듯이 보일 듯이 보이지 않는', 「따오기」란 노래다. 그 노래가 내 마음을 더 슬프게 한다.

그녀가 이미 하늘나라로 갔기 때문일까, '보일 듯, 보일 듯' 한 그녀의 모습은 끝내 보이질 않았다.

케이블카를 타고 미륵산에 올랐다. 정상으로 가 그녀가 살았던 미수 2동을 바라보았다. 지난날의 아름다운 추억은 아직도 내 마음속에 남아 있는데…. 그녀를 그리워하는 마음이 아쉬움으로 남아, 그녀가 살았던 동네를 배경으로 사진 한 장을 남겼다.

꿈 많던 그녀가 여고 시절 다녔으리라 생각되는 길. 그 길을 걸으면 지금까지 보이지 않았던 그녀의 모습이 희미하게 보일 것 같다.

선열들의 한이 서린 뤼순감옥

뤼순감옥(旅順監獄)을 한번 보고 싶었다. 일제는 뤼순감옥에서 우리 선열들의 자존심을 무참히 짓밟고, 그들의 지조까지 꺾으려 했다.

뤼순감옥으로 갔다. 건물의 색깔이 좀 특이하다. 같은 색깔의 벽돌도 있었지만 어떤 건물은 아래층은 회색이고, 위층은 붉은 색깔이다. 회색으로 된 건물은 러시아가 랴오둥반도를 점령하면서 저항하는 중국인들을 수감하기 위해 지은 건물이고, 붉은색 건물은 러일전쟁에서 일본이 뤼순을 점령한 후, 이 건물을 증축한 것이라 한다.

감옥 입구에서부터 기분이 좀 음산하다. 이곳에서 안중근 의사를 비롯한 신채호, 이회영 선생 등, 우리 민족의 지도자들이 숨을 거둔 곳이기 때문이다. 입구에서 간단한 소지품 검사를 마친 후, 들어간 곳은 검신실(檢身室)이다. 이곳은 감옥에 갇힌 죄수들이 일하러 갈 때와 마치고 돌아올 때, 옷을 벗고 알몸으로 간수들의 검사를 받던 곳이다.

검신실을 지나 동감방으로 갔다. 동감방은 주로 정치범들을 수감했던 곳으로 3층 건물에 87칸의 감방이 있는 곳이다. 감방의 문 옆 벽에는 그 방에 갇혀 있던 죄수들의 번호표가 붙어 있고, 각 감방에는 보통 7, 8명의 죄수가 갇혀 있었다고 한다.

동감방을 지나 안중근 의사가 갇혀 있던 건물로 갔다. 감방 벽엔 '조선 애국지사 안중근을 구금했던 감방'이란 안내판이 한글을 비롯한 중국어, 일어, 영어로까지 표기되어 있다. 철창으로 된 감방 안을 들여다보았다. 책상과 침대가 있는 독방으로 책상 위엔 서예 도구들이 놓여 있다.

1909년 10월 26일, 하얼빈역에서 이토 히로부미를 저격한 안 의사는 러시아 헌병들에게 체포된 후, 일본군에게 인계되어 11월 3일부터 순국하는 날까지 이 감방에 갇혀 있었다. 일제는 안 의사를 일본에 해를 끼친 국사범(國事犯)으로 분류한 후, 간수 부장의 당직실 옆 독방에 5개월 동안 가두어 놓았다. 안 의사는 이 방에서 자서전 「안응칠의 역사」를 기술한 후, 「동양 평화론」을 쓰다가 사형이 앞당겨지는 바람에 서론만 쓰고 나머지 부분은 쓰지 못했다. 또한, 안 의사가 남긴 200여 점의 유묵(遺墨)들도 이 방에서 썼다.

안 의사는 순국 당일 마지막으로 자신의 경호를 맡았던 일본인 헌병 치바 도시치(天葉十七)에게, 「爲國獻身軍人本分(위국헌신 군인본분)」이란 글을 써 주었다. '나라를 위해 몸을 바치는 것은 군인으로서 당연한 임무.'라는 뜻이다. 안 의사는 마지막까지 독립군 참모 중장이었던 자신의 위상을 일본인에게 알리고자 하였다. 안 의사가 마지막으로 쓴 이 글은 해군 진해기지사령부 등 많은 군부대에서 조형물과 전시물로 만들어져, 오늘날 참 군인의 표상으로 활용되고 있다. 안 의사는 우리 민족의 위대한 독립운동가요, 자랑스러운 대한의 남아였다.

안 의사가 갇혀 있던 독방을 지나 서감방으로 갔다. 서감방은 2층 건물로 82칸의 감방이 있는 곳이다. 이곳 서감방에서 신채호 선생과 이회영 선생이 갇혀 있었다. 신채호 선생은 이곳 35호 감방에서 1936년 3월 21일 뇌출혈로 돌아가셨고, 이회영 선생은 36호 감방에 갇혀 있던 중, 혹독한 고문 끝에 65세의 일기로 세상을 떠나셨다.

서감방에서 나와 안 의사가 순국하신 사형장으로 갔다. 이곳은 좀 분위기가 어스름해서 공포감마저 든다. 희미한 불빛 사이로 천정에서 내려온 밧줄이 중간에까지 내려와 있고, 그 밧줄 끝에 목을 거는 올가미가 보인다. 둥근 올가미를 보는 순간 섬뜩한 느낌이 들었다. 올가미 아래에는 안 의사가 교수형을 당했던 자리에 의자가 놓여 있고, 그 위에 안 의사의 영정이 모셔져 있다. 영정 속의 안 의사는 흰 한복을 입고 계셨다. 어머니가 아들을 위해 마지막으로 지어주신 우리 민족을 상징하는 흰 한복인 것이다. 안 의사는 조국의 독립을 걱정하다 1910년 3월 26일 오전 10시에, 여기서 교수형을 당하신 것이다.

생각해 보면, 일제는 마지막까지 안 의사에게 참으로 야비한 술책을 썼다. 안 의사의 교수형 날짜와 시간을, 이토 히로부미가 죽은 날짜와 시간(26일 10시)에 맞춰 교수형을 집행했던 것이다. 일제의 집요하고도 잔인한 보복 수단이라 하겠다.

안 의사가 순국한 현장 옆방에는 안 의사를 추모하는 추모관이 있다. 이곳은 정결하면서도 엄숙한 분위기다. 너른 공간의 중앙에 안 의사의 흉상이 모셔져 있고, 중앙 벽을 제외한 나머지 벽에 안 의사의 유묵들이 전시되어 있다.

여기에 모셔진 안 의사의 흉상은 용감한 군인의 모습이다. 안 의사가 법정에서 진술한 '개인 자격으로서가 아닌, 대한국의 의병 참모 중장의 자격으로 이토 히로부미를 저격했다.'는 안 의사의 주장을 근거로 하여, 군인의 모습으로 만들어 놓은 것 같다. 이곳 흉상 아래에도 안 의사의 영정이 있다. 영정은 안 의사가 법정에서 재판을 받을 때 입고 계셨던 검은색 옷에, 단지(斷指)한 왼손을 가슴에 얹고 계신 모습이다. 네모진 영정 둘레엔 우리 민족의 얼인 나라꽃 무궁화가 몇 겹으로 둘러 있고, 흉상 앞엔 노란 국화 화분이 여러 개 놓여 있다.

국화는 많은 꽃이 지고 난 뒤, 마지막으로 차가운 가을 서리를 맞으며 피는 꽃이다. 또한 국화는 사군자 중 하나로, 고고한 기상과 절개를 지키는 군자를 상징하기도 한다. 안 의사의 올곧은 정신을 나타내기 위해 여기에 국화를 갖다 놓은 것 같다. 안 의사 영정 앞에 묵념을 올린 후, 의사의 영혼이 깃든 유묵들을 하나하나 들여다보았다.

추모관에서 나와 국제열사전시관으로 갔다. 이곳에는 안 의사를 중심으로 뤼순감옥에서 숨져 가신 신채호, 이회영 선생과 최흥식, 유상근 열사 등의 흉상이 모셔져 있다. 그리고 전시관 벽에는 그분들의 생애 및 항일 투쟁에 관한 설명이 사진과 함께 전시되어 있다. 흉상과 전시물을 돌아보며 생각을 해보았다. 여기에 모셔진 분들은 우리 역사에 민족의 혼을 심어준 분들이 아닌가? 비록 이곳이 우리 민족의 한이 서린 슬픈 역사의 현장이지만, 선열들의 넋을 기릴 수 있는 전시관이 있어 다행이란 생각이 들었다.

본래 이곳은 중국의 항일 운동가들을 기리는 전시관이었다. 2007년 11월에 이 전시관이 다른 곳으로 이전해 가자, 빈 곳으로 남아 있었다. 마침 이 사실을 알게 된 안 의사 연구가인 다롄대(大連大) 유병호 교수가 국가보훈처와 광복회에 전시관 설립을 건의해, 추모관과 전시관을 마련했다고 한다.

선열들의 업적을 소중하게 생각하는 분들의 숨은 노력이 있었기에, 우리 선열들의 넋이 잠시라도 쉴 수 있는 자리가 마련된 것이다. 참으로 고마운 분들이다.

뤼순감옥을 나오며 본관 건물을 다시 한번 쳐다보았다. 이곳은 우리 선열들이 이국땅에서 독립운동을 하다 체포되어 갇혀 있던 곳이다. 선열들은 조국을 등지고 이국땅에서 조국의 독립을 위해 원대한 포부를 펼치려 했건만, 조국 광복을 보지 못하고 이곳에서 쓸쓸하게 숨을 거두신 것이다. 우리 선열들이 갇혀 있던 뤼순감옥. 아직도 뤼순감옥에는 우리 선열들의 한이 깊이 서려 있을 것 같다.

백성이 춤추는 땅

해거름에 향일암을 떠나 화순에 도착한 것은 어두운 밤이었다. 우선 숙소부터 정해 놓고 쉬면서 다음 일정을 생각해 보기로 하였다. 밝은 불빛이 비치는 한 모텔로 들어갔다. 지은 지 얼마 되지 않아 내부가 깔끔했고 방도 따뜻해서, 추위에 떨고 온 몸을 쉽게 녹일 수 있었다.

며칠간의 여행으로 쌓였던 피로를 목욕물로 씻고 지도를 꺼내 운주사를 찾아보았다. 운주사로 가는 도중 능주라는 곳에 유적지 표시와 함께 '적려지(謫廬地)'라 적혀 있다. '적려지'란 처음 보는 낱말로 그곳에 무엇이 있는지 궁금했다. 그래 운주사로 가기 전, 먼저 그곳부터 들러 보기로 하였다.

화순군 능주면 남정리에 있다는 적려지. 그 뜻이 무엇인지 그곳에 어떤 유적이 있는지조차 모른 채 능주로 향했다. 능주 길가 우뚝 세워진 자연석에, '목사(牧使) 고을 능주(綾州)'란 표지석을 본 후에도 그곳을 찾지 못해 몇 번을 헤맸다. 외곽 도로가 새로 나 그곳을 그냥 지나쳐 버렸던 까닭이다.

그곳은 조선왕조 중종 시대를 살았던, 정암(靜庵) 조광조(趙光祖) 선생의 귀양지였다. 성리학의 대가이자 개혁 세력의 우두머리였던 선생이, 훈구세력의 모함을 받아 이곳 능주로 귀양 온 지 한 달 만에, 사약을 받고 돌아가셨다는 유서 깊은 곳이었다.

선생이 돌아가신 후 149년 뒤인 현종 때, 능주 목사로 있던 민여로(閔汝老)가 선생의 넋을 위로하고 그 뜻을 기리고자, 송시열의 글을 받아 이곳에 적려 유허비(謫廬遺墟碑)를 세웠다고 한다.

이곳에 와서 비로소 적려의 뜻이 귀양 왔던 집임을 알게 되었다.

능주로 귀양 온 선생은, 북쪽 하늘만 바라보며 한양으로 다시 돌아갈 날을 손꼽아 기다렸다. 하지만 선생의 기대와는 달리, 금부도사가 "죄인 조광조는 나와 어명을 받으라." 소리치니, 이 어인 말이던가. 선생은 임금이 계신 북쪽을 향해 고별인사를 올린 후 눈물로 시 한 수를 지어 읊었다.

'임금을 아버지같이 사랑하였고, 나라 걱정을 집안 걱정과 같이하였는데, 밝은 해가 이 땅을 굽어보니, 충성스런 내 마음도 밝게 비춰 주리라(愛君如愛父 憂國如憂家 白日臨下土 昭昭照

丹衷).'

사심 없이 임금을 섬겼던 충직한 신하의 마음을 나타낸 시라 하겠다.

선생의 적려 유허비를 보는 순간, 붉은 색깔의 글자가 가슴을 섬뜩하게 한다. '당시 선생이 흘렸던 피의 색깔과 같을 것'이란 생각이 들어서였다. 선생의 억울한 죽음을 나타내려 그리하였을까.

유허비 뒤쪽으로 선생의 뜻을 기리기 위해 지어 놓은 사우(祠宇)가 있다. 그곳으로 가 조심스레 방문을 열어 보니 그 안에 선생의 영정이 모셔져 있는 게 아닌가. 선생은 머리에 네모진 사방관(四方冠)을 쓰고 조선 시대의 유생들의 예복인 도포를 입고 서 계셨다. 들어가 선생 앞에 무릎을 꿇고 문안 인사를 올렸다.

선생은 조정의 잘못된 정책을 과감히 개혁하고 모든 사람이 평등하게 살 수 있는 세상을 만들고자 하셨다. 양반과 천민(賤民)의 구분이 철저한 계급 사회에서 천민들이 춤추는 세상을 만들려 했던, 선생의 높은 뜻은 그 당시로선 이상에 가까운 주장이었다. 하지만 선생은 그 이상을 실현해 보려고 하셨다.

그로 인해 선생은 많은 훈구세력의 미움을 사게 되었고, 그들의 모함을 받아 이곳 능주로 귀양 온 지 한 달 만에 임금이 내린 사약을 마시고 돌아가셨다.

선생께 하직 인사를 올리고 목적지인 천 불 천 탑의 도량 운주사로 향했다. 운주사는 그곳에서 얼마 안 되는 거리에 있었다.

운주사 입구에서부터 산과 들에 탑과 불상이 보인다. 다른 사찰에서는 쉽게 찾아볼 수 없는 현상이었다. 다른 사찰의 탑과 불상은 하나같이 정결한 곳에 모셔져 있어, 그 앞에 서기만 해도 엄숙하고 경건한 마음을 느껴야 했다. 하지만 이곳은 달랐다. 누구나 쉽게 접근할 수 있는 산이나 언덕, 들 가운데에도 있어 친근감마저 들었다.

다른 사찰의 탑 지붕(屋蓋石)은 사각이나 육각이었는데 이곳은 다르다. 사각으로 된 탑도 몇 군데 있었지만, 원형으로 된 자연스러운 형태의 탑들이 있어 더욱 마음을 끌었다.

다른 사찰에 있는 탑과 불상이 품위 있는 양반의 모습이라면, 운주사의 탑과 불상은 소박한 서민의 모습이었다. 심오한 불법과 계율을 잘 몰라도 쉽게 불상과 탑 가까이 다가서고 싶은 마음이 생겼다. 숨바꼭질하듯 푸른 산언덕에 숨었다가 소나무 가지 사이로 살며시 모습을 드러내는 탑, 머리에 하얀 모자를 쓰고 미소로 다가오는 불상에서 친근한 우리네 이웃을 만나고 있다는 생각이 들었다. 천불 천탑의 중심인 석조감실에서 등을 맞대고 앉아 있는 불상도 그러했다.

산의 서쪽 능선으로 나 있는 길을 따라 올라가 본다. 그곳에 있는 불상(臥佛)은 아예 누워 있었다. 비바람을 막아 줄 전각이나 울타리 하나 없이 천연 암반 위에 두껍게 돋을새김을 한 채 누워 있는 게 아닌가. 누워 있다는 것은 곧 마음이 편안한 상태를 의미한다. 누워 있는 불상은 누구나 쉽게 찾아갈 수 있는 자리에 있었다. 그래서 나물 캐던 처녀도, 나무하러 가던 나무꾼도, 두 손을 모아 작은 소원을 하나씩 빌고 갔을 것이다.

선생이 그토록 추구했던, 백성이 춤추는 세상이 바로 이곳이 아니던가. 선생의 적려 유허지 가까운 곳에 그런 세상이 있다는 것을 알았다.

국방 장관과 두 용사

죽어서까지 서울을 지키다가 45년 만에 대전으로 내려온 용사들이 있다. 그 용사들의 유해가 지난 6월 대전현충원으로 이장된다고 했다. 벌써 두 달이 지났으니 지금쯤 두 용사는 대전현충원에서 편안히 잠들어 계실 것이다.

대전현충원으로 갔다. 대전에 살면서도 대전현충원을 한 번도 가 본 적이 없다. 가보고 싶었지만, 선뜻 마음이 내키지 않아 가지 못한 것이다.

용사들이 안장(安葬)되어 있는 곳을 찾기 위해 관리소에 들렀다. 그러나 아직 안장 절차를 마치지 않아 봉안실에 계시다고 한다. 봉안실은 병원의 영안실과 같은 곳으로 죽은 사람의 시신이나 유해를 안장하기 전까지 모시는 곳이다.

두 병사가 문을 지키고 있는 봉안실. 그곳은 짙은 향 내음만 밖으로 흩날릴 뿐 사람들의 출입이 거의 없는 한적한 곳이었다. 오게 된 동기를 말하니, 문을 지키고 있던 한 병사가 안으로 들어간다. 잠시 후 책임자인 듯한 사람이 나와 아무나 들어갈 수 없는 곳이라 한다. 나는 "두 용사의 충정(忠貞)에 마음이 끌려 술을 한잔 올리고자 왔다."고 했다. 밖에서 기다리라 한다. 안으로 들어간 책임자는 어디선가 두 구(具)의 유해를 모셔다가, 차례로 단 위에 올려놓고는 들어오라 했다.

봉안실 정면에는 병풍이 드리워져 있고, 그 앞쪽으로 유해를 모시는 단(壇)과 제물을 올려놓는 제상(祭床)이 하나 있다. 두 용사의 유해는 '故 무명용사'란 이름으로 태극기에 싸여 있었다. 대전현충원에 올 때만 해도 나는 그분들의 유해를 볼 수 있으리란 생각은 하지 못했다. 다만 그분들이 안장된 묘역에 가서 술이라도 한잔 올리고자 마음먹었다. 하나 이곳에 와서 뜻밖에도 그분들의 유해를 보니 마음이 더 착잡해졌다.

두 달 전 어느 신문에서 '백운 산장의 두 국군'이란 기사를 읽은 적이 있다.

6·25전쟁이 나자 정부는 3일 만에 서울을 포기하고 수도를 대전으로 옮겼다. 따라서 27일엔 대통령 이하 모든 정부의 고위 관료들도 대전으로 후퇴하게 되었다. 그날 밤 미아리에선 인민군에게 패배한 국군 이 백여 명이 북한산 백운 산장으로 후퇴하고 있었다. 후퇴한 국군이 주먹밥과 간장으로 허기를 면하고 있을 때, 인민군 탱크와 기관포는 밤새 북한산을

향해 포격을 가하며 점점 앞으로 다가왔다. 모든 연락과 보급로가 끊긴 국군은 인민군의 막강한 화력 앞에 제대로 대항도 못 하고 뿔뿔이 흩어져 북한산을 떠나야만 했다.

이때 한 장교와 연락병만이 북한산을 떠나지 않았다고 한다. 서울을 지키지 못했다는 자책감에서였다. 더 나은 작전을 위해선 후퇴도 할 수 있지만, 그들은 서울 시민을 남겨두고 후퇴할 수 없다는 투철한 군인 정신을 갖고 있었다.

하지만 그들의 힘으로 서울을 지킨다는 것은 무리였다. 그렇다고 목숨을 보전하기 위하여 후퇴할 수도 없었다. 그들은 인민군이 눈앞에 보일 때까지 최선을 다해 용감하게 대항했지만 역부족이었다. 그래도 서울은 지켜야 했다.

선열(先烈)들이 나라에 어려움이 있을 때 목숨을 바쳐 나라를 구하려 했듯이, 그들도 그러했다. 그들이 서울을 지키기 위해 취할 수 있는 최후의 수단은 자결뿐이었다. 자결하여 그 영혼이라도 서울을 지키겠다는 굳은 의지였다.

장교는 자결하기 전 백운 산장에 있던 한 청년에게 자신의 유품을 맡기며 가족에게 전해 달라고 하였다. 하지만 청년도 상황이 급했던지라 피난을 떠나야 했다. 따라서 그들의 시신도 돌보지 못한 채, 유품만 기와지붕 속에 숨기고 백운 산장을 떠났다.

거두어 줄 사람 없는 장교와 연락병의 시신은 그렇게 백운 산장 앞에서 한 줌의 흙으로 돌아갔다.

휴전 후, 청년은 장교의 유품을 전해 주기 위하여 주소가 적혀 있는 서울 삼선교 부근으로 갔으나, 유족을 찾을 수가 없었다. 전쟁 직후 혼란한 사회에서 사람을 찾기도 어려웠지만, 그보다 더 큰 문제는 장교의 이름을 잊어버렸기 때문이었다. 그런 까닭으로 장교와 연락병은 이름 없는 무명용사가 되어 버린 것이다.

그해 가을, 장렬하게 산화한 두 용사의 소식을 전해 들은 한 장교가 마을 주민과 더불어 그들의 유해를 산장 부근에 묻어 주고 영혼을 위로해 주었다. 그 후, 1959년 6월에는 그 장교가, 그들이 산화한 백운 산장 마당에 '백운의 혼'이란 추모비를 세워줬다고 한다.

이러한 사실을 알게 된 국방부가 마침 6・25전쟁 45주년을 맞아 두 용사의 유해를 대전현충원으로 이장하기로 했던 것이다.

태극기에 싸여 있는 두 용사의 유해를 다시 본다. 이름도 영정도 하나 없이 '故 무명용사'라 쓰인 글씨가 더욱 애처롭게 보인다.

"용사들이시여, 그날의 굳센 용기와 의지는 다 어디에 두고, 빛나는 훈장 대신 무명용사란 이름으로 돌아오셨단 말입니까."

향을 태운 연기가 두 용사의 유해를 맴돌고 있다. 이윽고 그 연기는 유해를 감싸 안고는 흩어질 줄 모른다. 유족이나 연고자가 찾아올 때까지 흩어지지 않을 모양이다. 곁에서 영혼을 밝혀 주던 황 촛불도 그 광경이 서러운 듯 참았던 눈물을 흘리고 있다.

준비해 간 제물을 상 위에 차려 놓고 술잔을 올렸다.

"영령이시여, 인제 그만 슬픔을 거두시고 아늑한 계룡산 자락에 안겨 고이 잠드소서. 그리고 틈이 나거든 그리워하던 전장(戰場)의 전우들도 만나 보소서."

산 자와 죽은 자의 만남도 인연이라면 인연일까. 더 늦게 대전현충원을 찾았더라면 두 용사의 유해를 볼 수 없었을 것이다. 이미 안장 절차를 마친 두 용사의 유해는 현충탑 아래에 있는 봉안당에 모셔졌을 것이고, 그곳은 통제구역이라 내가 들어갈 수가 없는 곳이기 때문이다.

봉안실을 나와 애국지사들이 잠들고 있는 묘역으로 갔다. 묘비를 둘러 봐도 처음 보는 이름들뿐이다. 혹시 아는 이름이라도 있을까 싶어 위쪽으로 올라가는데, 낯익은 이름이 하나 있다. '애국지사 ○○○의 묘'라 새겨진 비문이 발걸음을 멈추게 한다. 여기 계신 ○○○이란 분은 한국전쟁 당시 국방장관으로 계셨던 분이 아니던가. 그렇게 되면 국방 장관과 두 용사가 대전현충원에서 만나게 되는 것은 아닐까.

국방 장관께도 술을 한 잔 올렸다. 그리고 국방 장관 앞에 부동자세로 서서 신고하는 두 용사를 그려보았다.

"신고합니다. 장교 ○○○외 사병 일 명은 45년간 서울을 사수하다 이제서야 대전으로 후퇴하게 되었습니다. 이에 신고합니다."

두 용사는 나라를 위해 귀한 목숨을 바친 후, 북한산 찬바람 속에서 45년간 서울을 지켜 왔다. 미처 시민들이 피난을 떠나지 못했던 수도 서울을 지키려 했던 용사들이다.

국방 장관은 두 용사를 보고 무슨 생각을 하고 계실까?

불가피한 사정으로 3일 만에 서울에서 후퇴한 국방 장관과 45년 만에 후퇴한 두 용사가 대전현충원에 와서 만나게 되었다. 참으로 묘한 인연이다.

주름 속에 묻힌 세월

어머니.

어머니 가슴은 제 마음의 고향입니다. 저에게 누구보다 소중한 마음의 안식처요, 절대적인 존재입니다. 제가 네 살 때 아버님은 저의 곁을 떠났지요. 그 때문에 아버지란 말은 생소했지만 어머니란 말은 언제나 제 곁에 친근하게 다가왔지요.

어머니, 당신은 저의 성장 과정에서 가장 큰 영향을 주셨고, 지금도 많은 가르침을 주고 계십니다. 어머니께서는 오늘도 자식들만을 생각하고 계신다는 걸 저는 압니다. 여든일곱의 노구(老軀)에도 불구하고 새벽마다 장독대에 정화수(井華水)를 떠 놓고, 자식들이 잘되기를 천지신명(天地神明)께 빌고 계십니다.

어머니, 저는 어릴 적 희미한 기억 속에서나마 아버지를 생각해 봅니다. 그때 가장 부러웠던 것은 친구들이 아버지를 부르며 아버지의 손을 잡고 다니는 것이었습니다. 하지만 저에겐 왼손을 잡아줄 어머니는 계셨지만, 오른손을 잡아줄 아버지가 계시지 않아 늘 마음이 허전했습니다. 그런 마음을 달래기 위해 어머니 팔에 매달려 어리광을 부리고도 싶었지만, 그때마다 어머니는 바쁜 일손에 쫓겨 한가하게 아들의 손을 잡고 다닐 여유가 없으셨지요. 그런 까닭에 어린 저의 손에도 부드럽고 따뜻한 어머니의 손목 대신에 딱딱하고 차가운 호미가 쥐어졌고, 호미를 든 저는 어머니의 뒤를 따라 밭으로 나가야만 했지요.

지금은 제초제가 농촌의 일손을 많이 덜어 주고 있지만, 그때는 일꾼들의 손에 든 호미만이 잡초를 제거하는 유일한 수단이었지요.

햇볕이 장렬하게 내리쪼이는 여름날이 저는 싫었습니다. 뙤약볕을 머리에 이고 밭을 맨다는 것은 쉬운 일이 아니었습니다. 어머니는 밭을 매면서 훌륭한 성현들의 이야기를 들려주셨지만, 저에겐 즐거운 일이 아니었습니다. 심한 고통이었습니다.

어머니는 벌써 성큼성큼 저만큼 앞서가셨지만, 저는 느린 걸음으로 힘들게 뒤따라갔지요.

그럴 때마다 저는 같은 또래의 친구들이 부러웠습니다. 그들은 아버지가 계셨기 때문에 밭을 매지 않아도 되었기 때문이지요.

그날의 여름 해는 왜 그리 길었고, 밭이랑은 왜 그렇게 길었던지요. 한 번 왔다 가는 데도 한나절이 더 걸렸지요. 해가 빨리 서산으로 기울면 집에 돌아갈 수 있으련만, 뜨거운 태양은 제자리걸음만 할 뿐, 서산으로 기울지 않아 어린 가슴을 더 태웠지요.

밭 언덕에 있는 나무 그림자가 길어질 때면, 이따금 시원한 바람이 불어와 흐르던 땀을 멎게 해주는 저녁이 그렇게 좋았습니다. 어둠이 신작로에 깔릴 무렵에야 아픈 허리를 두들기며 일어설 수가 있었지요.

어머니.

어린 날, 맑은 공기를 마시며 아름다운 자연 속에서 보냈던 하루보다 오염된 공기를 마시며 소음 속에서 지내는 하루가 더 짧게 느껴지는 것은 무슨 까닭인지요?

어린 시절 그런 어려움 속에서 저는 인내를 배웠고, 힘든 일에 부딪히더라도 쉽게 좌절하지 않는 끈기를 익혔습니다.

어머니, 세월은 생활방식을 바꾸고 마음 또한 변하게 하는 것 같습니다. 이제 어머니도 손에 드셨던 호미를 놓으셨고, 저 또한 호미를 놓고 생활한 지 오래되었습니다.

어머니께서 땀 흘려 매시던 밭이랑 대신, 아름답던 어머니의 이마엔 주름만 가득하군요. 그 주름 속엔 흐르는 세월 속에 묻혀 버린 근심이란 잡초가 무성하게 자라 있군요. 어머니, 저는 어머니의 주름 속에 자란 근심이란 잡초를 뽑기 위해 오늘부터 놓았던 호미를 다시 잡으렵니다.

어머니, 이젠 얼굴을 활짝 펴시고 여생일랑 번뇌 없는 얼굴로 가꾸어 가시길 두 손 모아 빕니다.

하늘과 바다와 사람이 이룬 기적

명랑대첩과 관련된 유적지를 찾아 진도군 고군면에 있는 벽파진으로 갔다. 이곳은 이순신 장군이 명랑대첩이 있기 전날까지 16일간 주둔했으며, 왜군과 두 번의 전투에서 승리를 거둔 곳이다.

전체가 바위로 된 작은 산 정상에 '충무공벽파진전첩비'가 세워져 있다. 비는 규모도 클 뿐만 아니라 다른 곳에선 보지 못했던 독특한 모양으로 되어있다. 거북이 등 위에 세워진 비신(碑身)의 머릿돌 모양이 특이하게 생겼다. 대부분의 비(碑)는 비신의 머릿돌에 용을 돋을새김하였는데, 이곳의 비는 달랐다. 두 마리 용이 각각 머리를 쳐들고 좌·우를 감시하는 모양이다. 더욱더 흥미로운 것은 까치 두 마리가 비신의 머리 위에 각각 앉아 있는 게 아닌가. 예로부터 까치는 좋은 소식을 전해주는 새라 하였다. 또한, 도교에서는 '예언을 상징하며 적

의 매복을 암시해 주는 역할을 한다.'고 하였다. '까치는 장군께 무슨 소식을 전하려고 이곳에 왔을까?'

전첩비에서 내려와 해남 우수영관광지에 있는 명량대첩 기념공원으로 갔다.

그곳의 명량대첩전시관에는 거북선의 실제 모형과 절개 모형, 판옥선 등이 전시되어 있고, 천자총통과 지자총통 등 명량대첩에서 사용했던 각종 무기와 깃발 등이 전시되어 있다. 그리고 기념공원에는 장군의 어록비를 비롯해 명량의 의병항쟁, 명량대첩탑 등, 명량대첩과 관련된 많은 조형물이 세워져 있다. 공원의 둘레길을 한 바퀴 돌아 명량으로 가는 데에 바닷물 속에 작은 동상이 하나 서 있다. 명량의 회오리 물살을 바라보며 생각에 잠긴 장군의 동상이었다. 장군은 손에 지도를 들고 회오리 물살을 바라보고 계셨다. '장군은 여기서 무슨 생각을 하고 계신 걸까?'

'13척의 배로 수많은 왜군을 맞아 어떻게 싸울 것인가?' '아무리 생각해 봐도 대책이 서지 않는 불리한 전투였다.' 그래서 고뇌를 하고 계시는 것 같았다. '장군은 어떤 전략으로 왜군을 무찔렀을까?'

이곳에 오기 전, 벽파진전첩비 위에 앉아 있던 두 마리의 까치가 생각났다. '까치는 장군께 무슨 소식을 전했을까?'

정보를 탐색하러 나갔던 임준병과 포로로 잡혀갔던 김중걸이 돌아와 왜군이 곧 쳐들어올 것이란 정보를 장군께 전했다. 이에 장군은 명량대첩 하루 전날 군영을 벽파진에서 우수영 앞바다로 옮겼다. 적은 수의 배로 많은 왜군을 맞아 싸우기엔 벽파진보다 수로(水路)의 폭이 좁은 명량이 유리했기 때문이다. 그리고 여러 장수에게 "죽고자 하면 살 것이요 살고자 하면 죽을 것이다(必死卽生 必生卽死)."란 말을 하였다.

그렇게 고뇌하던 그날 밤, 장군의 꿈속에 신인(神人)이 나타나 싸움에서 이기는 전략을 알려주었다.

드디어 결전의 날이 밝았다. 명량해전이 시작된 것이다. 13척의 배로 133척의 왜선을 맞아 싸운다는 것은 몹시 어려운 싸움이었다. 많은 수의 왜선에 놀란 조선 수군의 장수들은 싸우기를 주저하고 겁에 질려 뒤로 물러나기 시작하였다. 장군의 배가 맨 앞으로 나가 왜군과 싸웠으나, 조선 수군의 장수들은 뒤에서 관망만 하였다. 이에 장군이 참전할 것을 독촉하자 그제야 참전을 하였다. 여기서 적선 31척이 격파되고 왜장이 죽었다. 기세가 꺾인 왜군은 후퇴하기 시작하였다. 이때 마침 명량의 물길이 왜선에게 불리하게 바뀌면서 배를 돌려 후퇴하려다 서로 부딪쳐 파선된 배도 부지기수였다.

이렇게 해서 13척의 배로 133척의 왜선을 무찌른 세계 해전사에도 그 유래를 찾아볼 수 없는 큰 승리를 거둔 것이다.

명량에서 조선 수군이 큰 승리를 거둘 수 있었던 것은 명량대첩 전날 장군의 꿈속에 신인이 나타나 전술을 알려주었고, 명량의 물길이 갑자기 조선 수군에게 유리하게 바뀌었으며, 목숨을 걸고 싸웠던 조선 수군과 지역 의병들 때문이었다. 따라서 명량대첩은 하늘과 바다와 사람이 이뤄낸 기적의 승리였다.

명량의 회오리 물살이 조금 전에 봤던 것과 다르게 변했다. 핏빛으로 물들어 있다. 진도대교 위에 세워진 붉은색 탑이 물위로 비춰 핏빛 바다가 된 것이다. 붉게 물든 바다가 '명량해전에서 패한 왜군들이 흘린 핏물과 같다.'는 생각이 들었다.

장군은 아직도 명량에서 왜군들의 피로 물든 바다를 바라보고 계셨다.

거꾸로 선 소나무

고려 시대 유학의 본향이자 조선 시대 선비들의 정신적 기반인 경북 순흥에 있는 소수서원*으로 갔다.

매표소를 지나 서원으로 가는 길옆에 늘어선 소나무가 한 폭의 그림과 같다. 호젓한 소나무에서 풍기는 그윽한 솔 내음이 코끝에 스며들자 그 옛날 선비들의 맑은 정기가 내게로 전해오는 듯싶다.

소나무 길이 끝나자 서원의 담장 밖 오른쪽에 경렴정이란 정자가 보인다. 옛날엔 이곳에서 학생들에게 호연지기의 기상을 길러주기 위해 시를 짓고 연회를 베풀었던 곳이다. 정자에 앉아 쉬면서 주변을 둘러보았다.

경렴정 뒤편으론 맑고 시원한 죽계천이 흐르고, 죽계천 건너편엔 퇴계 이황 선생이 이름을 짓고 건립했다는 취한대(翠寒臺)와 연화산이 보인다. 죽계천 맑은 물빛과 연화산의 푸른 기운에 취해 시를 짓고 풍류를 즐긴다 하여 정자의 이름을 '취한대'라 지었다 한다.

참으로 아름다운 경치다. 이렇게 좋은 곳에서 자연과 벗하며 학생들을 가르쳤던 주세붕 선생의 안목에 절로 감탄사가 나왔다.

서원 안으로 들어갔다. 정면에 학생들을 가르쳤던 강학단이 있고, 강학단 옆으로 안향의 위패를 모신 문성공묘(文成公廟)* 가 있다. 그리고 그 옆에 서적을 보관했던 장서각과 주희, 안향 등 다섯 분의 초상을 모신 영정각 등 서원의 부속 건물들이 있었다. 서원을 구성했던 건물들을 하나하나 돌아본 후 옥계교를 건너 소수박물관을 둘러보았다.

이제 서원 밖으로 나가는 일만 남아 있다. 나가는 길에 경렴정에서 보았던 죽계천의 경치가 너무 좋아 다시 경렴정으로 갔다.

죽계천 건너편 바위에는 글자가 새겨져 있었다. 흰색으로 백운동(白雲洞)이라 새겨진 글자와 그 아래에 붉은색으로 경(敬) 자가 새겨져 있다. '왜, 하필이면 붉은색 글씨로 경 자 한 자만을 새겨 놓았을까?' 붉은색으로 새겨진 경 자를 바라보는 순간, 상처에서 흐르는 피를 보는 것 같은 섬뜩한 느낌이 들었다.

붉은색으로 된 경 자에 의문을 갖고 죽계천을 바라보는데 물 위에 비친 경 자가 더욱 선명하게 보인다. 붉은 색깔로 새겨진 경 자는 흐르는 물에도 흩어지거나, 흘러가지 않고 그 자리에 그대로 머물러 있었다. 죽계천 물 위에는 붉은 색깔의 경 자 외에도 또 다른 그림자가 보였다. 거꾸로 서 있는 소나무의 그림자였다. '소나무가 어째서 바로 서 있지 않고 거꾸로 서 있을까?' 거꾸로 서 있는 소나무 그림자를 보면서 여러 가지 생각을 해 보았다.

소나무는 세찬 비바람과 눈보라 속에서도 늘 푸른 모습을 간직한다 하여 우리는 꿋꿋한 선비의 절개와 기개로 비유해 왔다. 기개와 지조를 갖춘 선비가 왜 바르게 서 있지 못하고 거꾸로 서 있단 말인가? 거꾸로 서 있는 소나무는 정상적인 소나무의 모습이 아니다. 소나무 그림자에 대한 미련을 떨치지 못한 채 소수서원을 나와 길 건너편에 있는 금성대군 신단(錦城大君神壇)으로 갔다.

금성단이란 현판이 걸려 있는 정문을 들어서는데 갑자기 비가 내리기 시작한다.

금성대군의 신단은 사각으로 둘리어 있는 담장 안에 있었다. 정면에 금성대군의 넋을 기리는 제단이 있고 바로 옆에 순의비(殉義碑)*가 세워져 있다. 그리고 정면의 왼쪽으로 순흥 부사 이보흠을 모시는 단이 있고, 오른쪽에 많은 유생을 모시는 단이 있었다.

세종의 여섯째 아들로 태어난 금성대군은 단종의 복위 사건에 연루되어 이곳 순흥 땅으로 귀양을 왔다. 그는 이곳에 와서도 순흥 부사였던 이보흠과 더불어 지역에 있는 유림과 함께 다시 단종의 복위운동을 시작했던 것이다. 하지만 순흥부에 있던 노비의 고발로 단종복위 운동은 실패로 끝났고, 복위운동에 참여했던 많은 사람이 참형을 받아 죽게 되었다. 또한, 그 사건으로 인해 당시의 행정구역이었던 순흥부마저 그때 폐지되고 말았다.

그 후 세월이 흐르면서 그들에게 씌워졌던 죄도 서서히 벗겨지기 시작하였다.

숙종 때에 와서 그들의 명예가 회복되었고 그동안 폐지되었던 순흥부도 다시 부활되었다. 그때 순흥 부사로 부임해 왔던 정중창이 금성대군이 귀양 왔던 자리에 처음으로 단(壇)을 만들어 주었고, 그 뒤 영조 때 경상감사로 있던 심성희가 단을 서쪽으로 30~40보 정도 옮긴 후, 단을 새로 정비하고 순의비를 세워줬다고 한다. 목숨을 바쳐 불의에 맞서 종묘사직을 옳게 지키려 했던 그들의 값진 희생이 빛을 보게 된 것이다.

죽계천 물 위에 비친 붉은 색깔의 경 자와 거꾸로 보였던 소나무가 다시 생각이 났다.

이곳 순흥에서 단종 복위운동에 참여했던 사람들의 시신은 죽계천에 던져졌고 그들이 흘린 피가 죽계천을 붉게 물들였다. 얼마나 많은 사람이 죽임을 당했기에 그들이 흘린 피가

7km나 떨어진 곳까지 흘러갔다 한다.

그때 억울하게 죽었던 사람들의 원혼이 죽계천에 머물렀던 것일까? 밤이면 슬픈 원혼들의 울음소리가 죽계천에서 들려 서원에서 공부하던 학생들은 무서워서 밖으로 나가지도 못하였다.

이에 주세붕 선생이 경천애인(敬天愛人)*의 첫 글자를 따 바위에 경(敬) 자를 새기고 붉은 색칠을 한 후, 원혼들의 넋을 달래는 제를 지내니 울음소리가 그쳤다고 전한다.

이제 죽계천에서 거꾸로 보였던 소나무에 대한 의미를 알 것만 같다. 충의로운 선비들이 죽었으니 그 모습이 바로 서 있을 리가 없다. 그래 자신들의 쓰러진 모습을 그림자로 보여주려 했던 것 같다. '불의에 맞서 항거 한 번 못하고 죽임을 당했으니 그 한이 얼마나 컸을까?' 그리 생각하며 금성단을 나오는데 가늘게 내리던 빗줄기가 갑자기 굵어졌다. 금성단에 내리는 비는 이곳 순흥에서 단종을 다시 모시려 했던 금성대군을 비롯한 많은 의사(義士)들이 흘린 눈물이 비로 변한 것 같다.

대전으로 돌아오는 길에도 앞이 보이지 않을 정도로 비가 많이 내렸다. 조심스레 운전을 하며 얼마를 달렸을까. 순흥 땅을 벗어나자 비가 그치고 언제 그랬느냐는 듯 해가 떴다.

*소수서원(紹修書院): 우리나라 최초의 서원으로 풍기군수였던 주세붕 선생이 안향의 연고지에 사당을 세우고 위패를 봉안한 후, 다음 해에 학사(學舍)를 건립하고 백운동서원이라 하였고, 퇴계 이황 선생이 경종 임금께 건의하여 임금으로부터 소수서원(紹修書院)이란 사액(賜額)을 받아 소수서원이라 하며 국가에서 공인한 사립 고등교육기관임.
*문성공묘(廟): 보물 제1402호로 안향 선생의 위패를 모신 사당으로 후에 안보와 안축, 주세붕을 함께 모셨다.
*순의비(殉義碑): 의(義)를 위하여 죽은 사람을 기리기 위해 세운 비석.
*경천애인(敬天愛人): 하늘을 숭배하고 사람을 사랑함.

충정으로 피워 낸 혈죽(血竹)

대나무는 충신의 절개와 지조를 상징하는가.

포은 정몽주 선생의 절개가 선죽(善竹)을 키웠다면, 충정공 민영환 선생의 지조는 혈죽(血竹)으로 피어났다. 선생의 맺힌 한이 얼마나 컸기에, 순절(殉節)한 곳에서 대나무가 자라났단 말인가?

초등학교 시절, 두꺼운 갈색 표지로 된 『간추린 국사』 책을 본 적이 있다. 무슨 책일까 하는 호기심으로 책장을 넘기다가, 충정공 민영환 선생의 유서에서 그만, 시선이 머물고 말았다.

「이 천만 동포에게 고함」이란 제목의 유서는, 어린 내게도 적지 않은 감동을 주고 말았다.

선생은 명성황후의 친정 조카로 고종 황제에게는 내외 종간이었다. 이렇게 좋은 가문에서 태어난 선생은 높은 관직을 두

루 거치며, 말년에 고종 황제의 특명전권공사로 임명되어 러시아를 비롯한 서구 유럽을 순방하면서 국제 정세에도 밝은 안목을 갖추게 된다.

그 무렵 청일전쟁과 러일전쟁에서 승리한 일본은, 청나라와 러시아 세력을 누르고, 우리의 의사를 무시한 채 을사늑약을 체결해 버렸다. 이에 우리의 외교권은 일본에 강제로 박탈되고, 우리의 선각자들은 빼앗긴 외교권을 찾기 위해 울분을 토하기 시작하였다. 장지연이 황성신문에, '오늘 목 놓아 통곡하노라(是日也 放聲大哭)'며 울부짖을 때, 선생을 비롯한 다른 선각자들은 을사늑약의 체결이 무효임을 주장하는 상소를 올렸건만 소용이 없었다.

빼앗긴 외교권은 다시 돌아오지 않았다. 그렇다면 일본에 의해 외교적으로 고립된 우리 민족은, 억울한 사정을 어디에다 호소해야 한단 말인가?

선생은 점점 기울어져 가는 나라의 운명을 차마 눈 뜨고 볼 수 없었다. 나라의 앞날을 생각하면 가슴만 답답할 뿐 달리 해결할 도리가 없었다. 선생은 서대문 밖에 있던 전동* 집으로 돌아가 가족을 만나 본 후, 울분으로 타오르는 가슴을 말없이 달래며 며칠을 보냈다. 그렇게 지내봤지만, 나라를 구할 수 있는 뾰족한 방법은 떠오르지 않았다. 선생은, 자신의 힘으로는 이미 기울어진 나라를 일으켜 세우기에 역부족임을 알고 자결하기로 결심하였다.

마지막 가는 길에도 선생의 심정은 착잡했다. 나라의 앞날이 걱정되었기 때문이다. 선생은 괴로운 심정으로, 이천 만 동포와 해외 공관장, 그리고 고종 황제께 드리는 유서를 써 놓았다. 그리고는 평소 간직하고 있던 단도를 꺼내어 할복(割腹)한 후, 목숨이 끊어지지 않자 다시 목을 찔러 순절하였던 것이다. 이때가 1905년 11월 30일 오전 6시. 선생의 나이 45세였다.

선생의 순국 소식이 세상에 알려지자, 삽시간에 많은 사람이 선생의 집에 몰려와 '나라의 기둥이 쓰러지고, 큰 별이 떨어졌다.'며 통곡하였다. 그 후 선생의 뒤를 따라 뜻있는 많은 사람이 목숨을 끊기도 하였다.

이렇게 어수선한 시국으로 1년이 지났다.

선생의 부인도 선생을 잃은 슬픔에 잠겨 무료한 세월만 보내고 있었다. 그러던 7월 어느 날, 선생의 유품을 보관해 두었던 방에 환기라도 시킬까 하고 문을 열었을 때, 깜짝 놀랄 사건이 벌어진 것이다. 난데없이 방 한가운데에 대나무가 자라고 있는 게 아닌가. 선생이 살아 계실 때까지만 해도 아무렇지 않던 방에 대나무가 자라다니….

무슨 까닭일까? 선생이 유서에 남긴 유언처럼, '영환은 죽어도 혼(魂)은 죽지 않는다.'고 하신 말씀이 결코 헛되지 않았단 말인가. 이상한 일이었다.

우리의 민속 신앙에도 대나무를 신간(神竿)이라 하여 신이 여기에 강림한다고 믿었으며, 사철 푸르고 곧게 자란다 하여 대쪽같은 절개를 소중히 여기는 경향이 있었다.

어쩌면 '선생의 유품을 보관했던 방에서 자란 대나무에, 선생의 영혼이 깃들어 있는지도 모를 일이었다.'

하지만 대나무는 오래 가지 못했다. 선생의 방에서 대나무가 자라났다는 소문을 듣고, 그걸 보기 위해 전국 각지에서 사람들이 몰려들었다. 나라의 주권을 빼앗겨 슬픔에 젖어 있던 사람들은, '대나무가 선생이 순절할 때 흘린 피의 대가로 얻어진 것이라.' 하여, '혈죽(血竹)'이라 부르며 용기를 갖기 시작하였다.

많은 사람이 혈죽에 어떤 믿음을 갖고 합심 단결하여 독립하려는 의지를 보이자, 당황한 일본군은 혈죽을 구심점으로 우리 민족이 단결할 것을 우려한 나머지 혈죽을 뽑아 버렸다.

하지만, 선생의 순국은 사람들에게 나라의 소중함을 일깨워 주었고, 혈죽 또한 흩어진 민심을 하나로 모아 주는 원동력이 되어, 후 일에 있을 독립운동의 초석이 되기도 하였다.

선생의 영혼이 피워 낸 혈죽을 보고 싶었다. 하지만 90여 년 전에 뽑힌 혈죽을 어떻게 찾을 수 있단 말인가?

선생의 묘소에 가면 혈죽이 있을까 하여 경기도 용인*으로 갔다. 선생의 묘소에 참배한 후 주변을 둘러봤지만, 혈죽은 보이지 않았다. 상석 위에 켜 놓은 촛불만이 애통함을 참지 못해 촉루가 흘러 대나무 잎과 같은 무늬를 만들고 있었을 뿐이었다.

그 후에도 계속 관심을 갖고 선생에 관련된 서적을 읽으면서 수소문한 결과 혈죽의 소재를 알게 되었다.

다행이었다. 일본군에 의해 강제로 뽑힌 혈죽은 선생의 부인이 몰래 보관해 오다가, 선생의 손자에 의해 고려대학교 박물관에 기증하게 되었다.

혈죽은 어떻게 생겼을까? 궁금한 마음을 안고 서울로 갔다.

미리 전화해 놓은 까닭에 박물관이 쉬는 날인데도, 김 연구사를 비롯한 여러 직원이 친절하게 안내를 해주었다. 그곳에 진열된 많은 선생의 유품 중 제일 먼저 눈에 띈 것은 진열장 안에 걸려 있는 화려한 선생의 관복이었다. 개화기 신식 군대의 시종무관장(侍從武官長)*을 지냈던 선생의 관복은, 영국 왕실의 근위병 복장과 비슷한 것이었다.

관복 옆에 있는 선생의 사진을 본다. 가슴에 훈장을 달고 있는 선생은 늠름한 장군이었다. 예리한 눈으론 일본군의 흉계를 꿰뚫어 보고 있었지만, 표정 한구석엔 무언지 모를 우수가 짙게 깔린 듯 보였다. 선생은 방에서 솟아 나온 혈죽 사진과 함께 있었다. 일본인 기쿠다(菊田)가 찍었다는 혈죽 사진에다, 선생의 모습을 함께 합성해 걸어 놓은 것이었다.

선생은 영광스러운 명예를 갖고 높은 관직에 머물면서 남 부러울 것 없이 생활했을 텐데, 왜 자결을 했을까? 개인의 부귀영화보다 나라를 먼저 생각했기 때문이다. 선생은, '높은 관직에 있으면서 나라를 지키지 못한 책임을 만백성 앞에 사죄하고 나라로부터 입은 은혜에 보답하고자' 자결하였던 것이다. 사진 밑으로 선생의 명함이 보인다. 선생은 순국하기 전, 이 명함에 '이천만 동포에게 고함'이란 유서를 써 놓았던 것이었다.

그러면 혈죽은 어디에 있는 걸까?

명함 앞에 '閔忠正公血竹(민충정공혈죽)'이라고 쓴 표지와 함께 있었다. 이것이 바로 내가 찾던 그 혈죽이 아니던가.

혈죽을 보는 순간 가슴이 울렁거리며 얼굴이 상기되어 옴을 느꼈다. 풍전등화와 같은 참담한 나라의 운명을 울분으로 삭여야 했던, 선생의 자결 순간이 내게로 전이되어 오는 것일까. 어쨌든 이상한 느낌이 들었다. 혈죽은 표지 옆에 길게 네모진 상자 안에 남보라색 융단을 깔고 누워 있었다.

90여 년을 말없이 지내 온 혈죽은, 갈색으로 변해 버린 대나무 가지와 마른 잎들이었다. 이 혈죽이 그토록 많은 사람의 심금을 울렸고, 그들의 가슴에 독립 의지를 심어 주었던 것이 아니던가.

다시 선생의 방에서 피어난 사진 속의 혈죽을 자세히 들여

다보았다. 4줄기 9가지에서 피어난 45장의 잎은 무엇을 상징하는 것일까? 선생의 나라 사랑하는 마음 진정 깊었을 텐데, 선생은 분명 혈죽으로 무엇인가를 나타내고자 하였을 것이다. 혈죽이 의미하는 것은 과연 무엇일까?

옛 어른들은 미래를 암시할 때 쉬운 글자보다는 사람들이 쉽게 알아볼 수 없는 파자(破字) 등을 이용해, 그 의미나 뜻을 후세 사람들에게 전하기도 하였다. 그렇다면 선생도 그렇게 하였단 말인가. 둔한 머리로는 혈죽이 의미하는 뜻을 이해할 수가 없었다. 하지만, '궁하면 통한다.'는 말도 있지 않던가.

'4에다 9를 곱하면 36이 된다. 그렇다면 36이란 숫자는 우리 민족이 36년간 일본의 식민지 통치를 받을 것이고, 혈죽 가지마다 웃는 듯 활짝 피어난 45장의 잎은, 45년이 되는 해에 해방된다는 뜻을 암시한 것 같다.'는 생각이 들었다.

선생이 고귀한 피를 흘리며 순절하신 지 90여 년, 선생의 충정(忠貞)으로 피워 낸 혈죽의 가치를 아는 사람은 과연 얼마나 될까.

*전동: 민영환 선생의 집이 있던 곳으로, 오늘의 종로구 견지동의 옛 이름이다.

*경기도 용인: 민영환 선생의 묘소가 있는 곳으로, 선생의 묘소는 경기도 용인시 구성면 마북리에 있다.

*시종무관장(侍從武官長): 1904년에 설치한 조선 시대의 관직으로 임금의 좌우(左右)에서 시종하는 일을 맡은 우두머리로 대장(大將) 또는 부장(副長)으로 임명하였다.

좋은 사람

사람은 누구나 다 좋은 사람이란 말을 듣고 싶어 한다. 자신은 좋은 사람이라 생각하지만, 주위 사람들이 그렇지 않다고 하면 좋은 사람이라 할 수가 없다.

'좋은 사람'은 그녀가 이메일에서 사용하는 이름이다. 부르기 좋고 듣기도 좋은 이름 '좋은 사람'.

그녀를 처음 만난 건 3년 전 ㅂ중학교에서 교장으로 근무할 때였다. 처음 부임해 온 학교라 외부환경은 물론 선생님들도 모두 낯설다. 업무상 결재를 하러 들어오는 선생님마다 서로 다른 특징과 개성이 있다.

그녀는 국어 선생님으로 문예부를 맡아 학생들의 글쓰기 지도와 학교 신문을 발간하고 있었다. 따라서 가끔 업무 협의차 교장실을 찾았고, 내 원고를 교정해 주기도 하였다. 훤칠한 키에 얼굴엔 항상 미소를 띠고 찾아와 나갈 때는 수줍은 표정을 짓는 것이 특징이었다.

마침 서울에서 수필문학상 공모가 있어 마지막 원고 교정을 그녀에게 맡겼다. 교정을 끝내고 원고를 복사해서 보내는 것은 결례라 생각되어 표지를 제본해서 보내기로 하였다. 원고 내용이 먼저 가신 우리 선조들의 충정과 행적을 쓴 글이라서 제목을 『영혼의 그림자』라 붙여 보았다. 다섯 권만 제본해서 두 권은 서울로 보내고 세 권은 내가 보관하기로 하였다. 서울로 보내기 전 제본한 것을 그녀에게 보여주었더니 자신도 한 권을 갖고 싶다고 했다. 그래 한 권을 주었더니 무척이나 좋아했다.

그녀는 언제나 학교생활에 만족해하며 즐거운 모습으로 근무했다. 그러던 어느 날 그녀가 건강검진 결과에 이상이 생겼다며 재검사를 받으러 간다 했다. 재검진 결과 위암의 초기 증세가 발견되어 서울로 가 수술을 했고, 결과도 좋아 다행이라 생각하였다. 그 후 6개월간 휴직을 하고 집에서 머물며 항암 치료를 받았다.

가끔 전화해서 그녀의 안부를 물어보았다. 항암 치료를 하고 오면 며칠 간은 무척이나 힘이 든다고 했다. 그러면서도 원고를 교정할 것이 있으면 언제든지 이메일로 보내 달라 하였다.

그 후, 몇 차례 항암 치료를 받고 나서는 경과도 좋아졌다며 곧 학교에 나와 학생들을 가르치겠다고 했다.

휴직 기간이 끝나 갈 무렵 복직을 하기 위해 그녀가 학교로 찾아왔다. 그녀의 초췌한 얼굴을 차마 쳐다볼 수가 없었다. 그런 그녀가 학생들과의 약속을 지키기 위해 복직을 해야겠다고 한다.

남자는 첫사랑을 잊지 못하고 여자는 마지막 사랑을 잊지 못하듯, 교사는 처음 발령받았던 학교와 학생들을 잊지 못한다.

그녀는 대학을 졸업하고 처음 이 학교에 발령을 받아 모든 사랑과 정열을 아낌없이 학생들에게 쏟았다. 그런 그녀가 병으로 휴직하면서 헤어지기 싫어했던 3학년 담임 반 학생들에게, 다시 돌아와서 너희들을 꼭 졸업시키겠다고 약속을 했던 것이다.

바로 그 약속을 지키기 위해 그녀가 학교에 온 것이다.

집에서 투병 생활을 하는 동안 외부 사람들과의 접촉이 없었기 때문에 외롭기도 했으리라. 사람들이 그리웠고 아끼며 사랑했던 학생들의 모습이 눈에 선했을 것이다. 하지만 병마와 싸우면서 허약해질 대로 허약해진 몸으로 복직을 한다는 것은 무리였다. 몸이 완쾌된 후 복직하라는 교감 선생님의 만류가 그녀에게는 서운했던 모양이다.

내게 찾아와 눈물을 글썽이며 복직을 시켜 달라 애원하였다. 그녀의 심정은 충분히 이해할 수 있었으나, 아직은 학생들 앞에 서서 수업을 하는 것이 너무 힘들 것 같아, 좀 더 요양한 후에 건강이 회복되면 언제든지 학교로 찾아와 달라고 설득하였다.

못내 아쉬워하는 그녀를 배웅하기 위해 교문 밖까지 나갔다. 아쉬움과 섭섭함을 지우지 못하고 돌아서는 그녀의 뒷모습을 차마 바라볼 수 없었다.

그 후 병문안을 가려 했지만, 자신의 초췌한 모습을 남에게 보여주는 것이 부담스러웠던지 찾아오는 걸 꺼렸다.

그녀의 건강이 회복되기만 기다리던 어느 날, 그녀의 집에서 전화가 왔다. 그녀가 세상을 떠났다는 것이다.

매사에 의욕적이고 실력도 있었으며, 학생들을 무척이나 사랑했던 그녀였기에 그렇게 일찍 보낸다는 것이 너무 안타까웠다. 그녀의 고운 마음을 학생들에게 더 오래오래 심어주고 갔어야 했는데….

좋은 사람은 갔다. 내가 선물로 준 『영혼의 그림자』를 안고. 나는 왜 하필이면 그 수필집 제목을 『영혼의 그림자』라 했을까. 그녀는 자신의 운명을 미리 알고 그 책을 받고 그리 좋아했던 것일까?

아직도 내 이메일의 편지함에는 '좋은 사람'이란 그녀의 이름이 남아 있다. 그녀는 가고 없지만 아름다운 이름을 쉽게 지울 수가 없다. 너무도 착하고 좋은 사람이었기에.

이젠 '좋은 사람'이란 이름의 이메일은 내게 오지 않는다.

대왕암의 비밀

머금은 해를 토해내는 토함산(吐含山)과 달을 삼키는 함월산(含月山). 두 산자락에서 흐르는 물이 사이좋게 만나 대종천이 되어 경주시 양북면 봉길리 앞바다로 흐른다. 그 앞에 여러 개의 바위가 보이는데 이곳이 바로 대왕암이다.

이십여 년 전 봉길리 앞바다에 대왕암이 있다는 이야기를 듣고 경주로 갔다. 봉길리로 가는 길에 두 기의 삼층석탑이 눈에 들어와 잠시 쉬어가기로 하였다. 이곳은 감은사(感恩寺)라는 절이 있던 곳으로 절은 없고 그 흔적으로 남은 삼층석탑만 두 기(基)가 서로 마주 보고 있었다. 마주 보고 있는 동탑과 서탑. 그 우람한 자태에서 지난날 웅장하고 화려했던 감은사의 전경과 부모님 은혜에 보답하려는 신문왕의 효심을 그려 볼 수 있었다.

대왕암을 보고 싶은 마음에 포구로 가 배를 빌리려 했으나,

문화재 보호구역이라 들어갈 수 없었고, 들어가려면 월성 군수의 승인이 있어야 한다고 했다. 그래 하는 수 없이 문무왕이 용으로 변한 모습을 보았다는 이견대(利見臺)에서 멀리 있는 대왕암을 바라만 보다 돌아온 적이 있다. 그 후 가끔 대왕암에 가보고 싶다는 생각은 들었으나 갈 수가 없어 마음속으로만 간직하며 지냈다.

얼마 전 신문에서 울산에도 대왕암이 있다는 사실을 알았다. 이상한 일이다. 대왕암이라면 봉길리 앞바다에 있는 줄 알았는데 울산에도 대왕암이 있다니? 궁금해서 울산에 있는 문우한테 연락을 해봤으나 잘 모른다고 하였다. 그 뒤로 울산에 있다는 대왕암에 대해서도 관심을 갖기 시작했다.

마침 지난여름, 울산에 갈 기회가 있어 관광도 할 겸해서 울산광역시청 홈페이지에 들어가 보았다. 그곳에 대왕암에 대한 설명이 있었다.

울산으로 가는 길에 다시 감은사지(感恩寺址)를 찾았다. 지난날 찾아온 적이 있어 동탑과 서탑이 안면 있는 사람처럼 나를 반긴다. 전에는 초면이라서 어색했지만, 오늘은 구면이라서 달랐다. 탑에 대해 친근감이 갔고 관심도 생겼다. 왜 탑을 한 기만 세우지 않고 두 기나 세웠을까?

학계에서는 삼국통일 직후 건축양식도 중국의 영향을 받아, 절의 조감과 아름다운 배치를 위해 하나의 본존불(本尊佛)에 두 기의 탑〔雙塔一金堂〕을 세웠다고는 하나, 그렇게 보이질 않는다. 감은사가 문무왕의 유언에 따라 아들인 신문왕이 부모의 은혜에 보답하는 뜻으로 완공했다면, 두 기의 삼층석탑은 분명 아버지와 어머니를 상징하는 뜻으로 세워졌을 것이란 생각이 든다.

세상의 모든 것은 짝이 있게 마련이다. 하늘이 있으면 땅이 있고, 해가 있으면 달이 있으며, 남자가 있으면 여자가 있고, 왼손이 있으면 오른손이 있게 마련이다. 불국사의 석가탑과 다보탑도 마찬가지다. 석가탑이 훤칠한 키에 잘생긴 남자를 상징한다면, 섬세하고 아름다운 모양의 다보탑은 여자를 상징하지 않는가.

생각이 여기에까지 이르자 대왕암이 두 곳에 있다는 사실도 쉽게 이해가 되었다. 남녀가 결혼을 하면 부부가 된다. 그렇다면 문무대왕릉도 왕비와 함께 합장했던지, 아니면 두 분의 능이 따로 있어야 하지 않겠는가. 봉길리에 있는 대왕암이 문무대왕릉이라면, 울산에 있는 대왕암은 왕비의 능이 아니겠는가?

울산에 있는 대왕암으로 갔다. 가는 길에 있는 송림(松林)이 우거진 대왕암 공원은 아름드리 소나무가 길쭉길쭉 자라 하늘을 향해 높이 서 있다. 선비의 기품을 풍기려는 듯 그윽한 솔내음이 걷는 사람들의 마음까지 상쾌하게 한다. 아늑한 송림

길을 지나자 앞이 확 트이면서 해안 절벽과 여러 개의 크고 작은 바위들이 보인다. 울기등대 앞바다엔 마치 용이 승천하는 모습을 닮은 거대한 바위들이 여기저기 솟아 있다. 황갈색 빛이 도는 바위와 푸른 바다가 절묘하게 조화를 이루어 모습 또한 장관이다. 사람들은 이곳을 대왕암(댕바위)이라 부른다. 문무대왕비가 문무대왕을 따라 동해의 호국용이 되기 위해 바위로 변해 바다에 잠겼다는 전설이 깃든 곳이다.

이곳이 대왕암이라면 왕비의 유해는 어디에 모셨을까? 바위들을 둘러보며 어디엔가 있을 왕비의 유해를 찾아보기로 하였다. 하지만 그럴만한 곳이 보이지 않는다. 수수께끼처럼 얽힌 생각을 정리하며 유해를 모신 곳을 찾아보았지만 찾지 못해 아쉬운 마음만 남기고 돌아가는 길에, 대왕암 입구에 한 쌍의 돌고래가 물 위로 치솟아 오르는 조형물이 보인다. 이곳에 올 때 먼저 경관이 좋은 철교가 있는 곳으로 갔기 때문에, 조형물이 있는 곳은 자세히 둘러보지 않았다. 혹시나 하는 마음에 조형물이 있는 쪽으로 가 보았다. 조형물 뒤에는 황갈색 바위들과 파란 바닷물이 조화를 이뤄 사진을 촬영하기에 안성맞춤이다. 여러 개의 바위가 병풍처럼 둘러싸인 곳에 바닷물이 들어와 맴돌이한 후 빠져나간다.

이곳은 물이 들어오는 입구가 좁고 안이 커다란 호리병처럼 둥글게 생긴 곳에 파란 바닷물이 들어와 있다. ♉형상이다.

그 형상이 너무 멋져 사진을 한 장 찍고 다시 캠코더로 촬영하려는 순간, 파란 바닷물 가운데 왕비가 누워계신 게 아닌가? 내 눈이 의심스러웠다. 캠코더에서 눈을 뗀 후 다시 맨눈으로 보았다. 물 한가운데 누워있는 것은 왕비가 아니라 여자 모양으로 된 바위였다. 참으로 신기했다. 여자는 한 손을 자신의 배 위에 올려놓고 편안하게 누워 있었다.

사람은 태어나기 전 어머니의 태(胎)에서 열 달을 기다리며 편안한 시초의 삶을 산다. 태는 태아를 둘러싼 조직으로 외부로부터 안전하게 태아를 보호하는 구조로 되어 있다.

여자가 누워있는 곳을 자세히 살펴보니, 그곳은 바위가 둥글게 둘리어 있어 마치 어머니의 태 속에 아기가 들어있는 형상이다. 또한, 아기 주변에 있는 바닷물은 아이를 보호하고 있는 양수(羊水)와 같다는 느낌이 들었다.

사람이 죽으면 자연의 품으로 돌아간다. 자연이란 자신이 태어난 어머니의 태와 같은 곳으로, 사람이 생을 마감하고 자연으로 돌아가는 영혼의 안식처라 할 무덤도, 생각해 보면 어머니의 태와 같은 곳이라 할 수 있을 것이다. 하지만 사람들은 영혼이 편안하게 잠들어 있는 자리를 명당이란 이름으로 후손들에게 복은 빌어주고 화는 멀리하도록 해주는 곳으로 알고 있다.

울기등대 앞 대왕암에 문무대왕비의 모습이 보인다. 바위들이 둥글게 둘리어 있어 외부의 거센 파도와 바람을 막아줄 그런 아늑한 자리에 왕비가 누워계신 것이다.

봉길리 앞바다의 문무대왕릉과 문무대왕비가 계신 울산의 대왕암은, 사후(死後) 바다의 용이 되어 신라를 왜구의 침략으로부터 막아주려는 왕과 왕비의 호국용(護國龍)의 전설이 깃든 동해의 샘터라 할 수 있을 것이다.

대왕암에서 구전으로만 떠돌던 문무대왕비의 모습을 보았다. 신라인들이 왕과 왕비까지 신격화해서 나라를 지키려는 마음이 오늘따라 더 소중하게 느껴지는 것은 무슨 까닭일까?

다섯 겹으로 된 담장

신록이 푸르고 온갖 꽃들이 다투어 피는 오월. 덥지도 춥지도 않아 가족과 함께 나들이하기에 좋은 달이다. 그래서일까. 온 가족이 함께할 수 있는 어린이날을 비롯한 어버이날, 성년의 날 등이 오월에 있다.

가족은 집을 중심으로 모이게 되고, 같이 살면서 서로 정을 나누고 사랑도 나누게 된다. 그래 집은 가족의 마음을 담아주는 커다란 그릇이라 할 수 있다. 이러한 집에 담장이 있다면 가족의 정과 사랑이 더 오붓하게 우러나오지 않을까?

어릴 적 시골집에는 집 둘레에 담장이 있었다. 황토에 돌을 넣어 담을 쌓고 그 위에 비를 가리기 위해 볏짚으로 엮은, 용마름*을 덮은 담장이었다. 담장은 집의 경계도 표시해 줬지만, 찬바람을 막고 들짐승들의 출입을 막아주는 역할도 하였다. 따라서 담장이 있는 집은 포근하면서도 안정된 느낌을 주지만, 없는 집은 헐벗은 것 같아 왠지 허전한 느낌을 주었다.

집이 담장이 있어 포근하고 안정된 느낌을 준다면, 사람의 마음속에도 의지할 수 있는 담장이 있다면 좋겠다는 생각이 들었다. 그러면 어려운 일도 쉽게 해결할 수 있을 텐데….

언제부터인가 내 마음속에는 다섯 겹으로 둘러진 담장이 있었다. 그래 가진 건 없어도 마음은 항상 풍족하고 든든했다.

제일 바깥쪽에 있던 담장은 내가 처음으로 직장 생활을 할 때 모셨던 교감 선생님이다.

대학을 갓 졸업하고 아무것도 모른 채 고등학교에 발령을 받았다. 어떤 어려운 일도 쉽게 해낼 것 같은 패기는 있었지만, 모든 게 어색하고 서툴렀다. 소속 부장은 젊은 나이에 부장이 된 것이 우쭐해서였는지 우리 같은 신규 교사는 안중에도 없었고, 오직 윗사람을 모시는 데만 신경을 썼다. 그래 직장생활을 하면서 많은 어려움과 갈등을 겪었다.

하지만 자상하신 교감 선생님이 계셨기에 아버지처럼 따르며 좌절하지 않고 많은 것을 배울 수 있었다. 교감 선생님을 그곳에서 일 년 반 동안 모셨지만, 교장 선생님으로 승진해서 다른 곳으로 가신 후에도 항상 친자식처럼 보살펴 주셨다.

그랬던 교감 선생님이 십여 년 전에 돌아가셨다. 교사로 첫 발령을 받아 만나서 의지했던 분이 돌아가신 것이다. 나를 에워싸고 있던 첫 번째 담장이 무너져 버렸다.

두 번째 담장은 고등학교 때 국어를 가르쳐 주셨던 선생님이다. 고교 시절엔 기본적인 국어 실력을 갖출 수 있도록 해 주셨고, 어려운 일이 있을 때마다 거리낌 없이 찾아가 고민을 털어놓고 의지할 수 있었던 선생님이다. 내가 다른 학교로 발령이 날 때면 잊지 않고 축하를 해 주셨고, 교감, 교장으로 승진했을 때에도 자기 일처럼 좋아하셨던 분이다. 그런 선생님께서 이 년 전에 돌아가셨다. 또 하나의 담장이 무너져 내린 것이다.

그다음 담장은 대학을 다닐 때 교수님이다. 우리나라 공업교육의 선구자로서 나에게 새로운 교수 - 학습지도 방법을 제시해 주신 분이다. 대학 4학년 때는 실기에 취약한 교사가 되지 않도록 해주기 위해, 여름 방학 동안 서울의 정수직업훈련원에서 제자들과 같이 생활하시며, 기능 자격 취득을 위해 지도를 해주신 분이다. 그 결과 공업고등학교에 근무하면서 실기에 대한 부담감을 떨쳐버리고 이론과 실기를 학생들에게 알기 쉽게 가르칠 수 있었다. 이처럼 제자가 자신감 있게 학생들 앞에 설 수 있는 능력을 갖추게 해주신 분이다. 그리고 대학 때는 물론 초임 교사로 발령을 받고 난 후에도 늘 바른 교사의 길을 갈 수 있도록 안내를 해주셨다. 그런 교수님께서 지난해에 돌아가셨다. 이렇게 세 번째 담장이 무너져 내렸다.

그렇게 세 겹의 담장이 마음속에서 하나, 둘씩 무너져 나갔다. 담장이 무너져 나가는 사이 세월은 나에게도 바람에 견디는 힘을 조금씩 길러 주었다. 홀로 견디기 어려워 휘청거렸지만 견디어 나갔다. 하지만 항상 마음 한구석에는 의지하고 있던 분들이 계시지 않아 허전하기만 했다.

그래도 나에겐 가장 견고하면서도 든든한 두 개의 담장이 남아 있었다. 그중 첫 번째 담장이 바로 어머니였다. 나에게 생명을 주시고 길러 주셨으며 세상을 살아갈 수 있는 혜안을 주신 어머니시다. 남편을 일찍 여의고 시부모님과 다섯 명의 시누이, 시동생, 그리고 자식 사 남매를 건사하느라 고생도 많이 하셨다. 하지만 자식을 위한 일이라면 어떤 어려운 일도 마다치 않으셨던 어머니. 남에게 아비 없이 자란 자식이란 소리를 듣지 않게 하려고 몸도 아끼지 않고 일도 많이 하셨다. 그런 까닭에 손가락에 있던 지문까지 닳아 없어져 주민등록을 할 땐, 지문이 보이지 않아 몇 번씩이나 지문을 다시 찍으시곤 하셨다.

나는 고생만 하신 어머니가 좋아하실 일을 하고 싶어 노력도 해 보았다. 그래서 좋은 일이 생기면 제일 먼저 어머니께 알려드렸고, 어머니가 기뻐하시는 모습을 보는 것이 나에게 가장 즐거운 행복이었다.

그런 어머니마저 지난해에 돌아가셨다. 내게 가장 많은 영향을 주셨고 남편 없이 고생만 하셨던 어머니시다. 나에게 가장 소중한 분이셨고 내 인생에서 가장 든든한 버팀목이셨다. 어머니를 잃은 슬픔에 마음마저 황폐해져서 중병을 앓는 환자처럼 일 년을 보냈다. 그러던 중 엎친 데 덮친 격이라 할까. 두 번째 담장마저 무너져 버렸다. 올해 초, 아버지처럼 곁에서 묵묵히 나를 지켜주던 형님마저 세상을 떠나시니, 내 마음에 둘러져 있던 담장이 모두 무너져 내린 것이다.

여러 겹으로 둘린 담장에 의지하고 살았던 때가 그리워진다.

세찬 눈보라나 비바람이 불어도 이제 나를 막아줄 담장은 없다. 나 스스로 담장이 되어 세찬 비바람을 몸으로 막아내야만 했다. 그것은 나를 담장으로 의지하고 있는 두 딸과 아들이 있기 때문이다. 과연 그들에게 내가 담장의 역할을 할 수 있을까? 흙에 돌을 넣어서 쌓은 견고하고 튼튼한 담장은 되지 못할지라도 최소한 바람막이용 울타리 정도는 되어야 하지 않을까?

오월의 따사로운 햇살이 내리쬐이는 울타리 안에 우리 아이들이 모여 있다. 움츠리지 않고 있는 걸 보면 그런대로 의지는 되는가 보다.

*용마름: 초가지붕 위의 마루나 토담 위에 덮는 짚으로 길게 틀어 엮은 'ㅅ'자 모양의 이엉을 말하며, 방언으로 '용고새'라고도 한다.

306호

집 없는 사람은 정신적 육체적 고통이 심하다. 결혼 후 계속 전세를 살았다. 정이 들고, 살림도 제자리를 찾을 만하면 이사를 하게 되었다. 그때도 곁방에 살던 주인이 애를 낳더니 안채를 비워 달라고 했다. 며칠 동안 집을 구하러 다녔으나 헛수고였다.

그런 기회에 작으나마 내 집을 갖고 싶은 마음이 생겼다. 내 집이라면, 이사를 자주 하거나 주인 눈치 볼 필요도 없을 테니 빚을 내고 무리를 해서라도 내 집을 사기로 하였다.

마침, 시내 변두리에서 아파트를 분양한다기에 그곳에 가 봤다. 이미 큰 것은 분양되었고, 작은 것만 남아 있었다.

몇 호를 선택할까 고민했다. 5층 건물이니 3층이면 가운데 층이라 난방 효과도 좋을 것이고, 6호라면 좌·우로 봐서 중앙이라 306호를 골랐다.

306, 3에다 6을 더하면 9가 된다. 서양인은 7, 중국인은 8을 좋아한다지만, 한국인은 9를 좋아한다고 한다.

한반도 좁은 땅에 태어나 작은 것에서 탈피하고 싶은 잠재의식의 발로에서인지 모르지만, 우리나라 사람들은 큰 것을 좋아한다. 신문 기사나 광고를 봐도, 동양 최대니 세계 제일을 내세울 때가 더러 있다.

9는 기수(基數) 중에서 가장 큰 수이다. 또한, 가보라 하여 끗발로 인정하는 놀이도 있다.

이런 까닭으로 306호를 선택했는지 모른다.

그 아파트는 오르내리는 길의 경사가 심했다. 겨울은 개구쟁이들의 멋진 스키장이 되었고 여름엔 숨을 몰아쉬며 올라야 했다. 하지만 좋은 점도 있었다. 시내 야경을 한눈에 볼 수 있었고, 약수터가 지척에 있어 목이 절로 시원해지는 곳이기도 했다. 그래서 그 집에서 7년을 살았다. 그런데 아이들이 자라고 살림도 하나씩 늘어나니, 책상 하나 들여놓을 공간이 없었다. 이사 가라고 채근하는 주인은 없었지만 아내가 좁다고 불평을 한다. 넓은 집이 필요했다. 남들처럼 아파트 추첨에 기대를 걸어 보았다.

분양 공고가 나올 때마다 신청했으나 번번이 떨어졌다. 여러 번 떨어지니 마음도 상처를 입는가 보다. 이제 신청할 의욕도 사라졌다. 다음부터는 주택 청약 예금에 가입하지 않으면 자격이 제한된다고 했다. 마지막으로 주어진 기회를 이용해 볼 셈으로 신청서를 냈다. 추첨은 컴퓨터로 한다고 했다.

추첨 발표일, 게시판 앞에는 많은 사람이 모여 있었다. 그들과 한 덩어리가 되어 숫자의 행렬을 바라보았다.

물건을 보면 욕심이 생기는 걸까. 우선 좋은 층부터 찾아보았다. 보이지 않는다. 이젠 달갑지 않게 생각하는 층이라도 봐야 했다. 그곳이 당첨된 것이다.

3층이다. 하지만 1층이나 2층보다 낫다. 3층이면 운동 삼아 걸어 다닐 수도 있고, 땅의 기운이 작용하니, 고층보다 건강에 좋을 것 같았다.

컴퓨터가 내게 지정해 준 것은 306이란 숫자였다.

306, 이 숫자는 나와 무슨 인연이라도 있는 것일까. 당첨된 새 아파트로 이사 와 살면서도 신기한 생각이 들었다.

지난가을 상해에 갔을 때이다. 민족의 발자취를 찾기 위해 루쉰공원(魯迅公園)으로 갔다. 루쉰공원은 우리에게 익숙지 못한 이름이지만, 문학가 루쉰과 인연이 있다 하여, 홍커우공원(虹口公園)에 붙여진 이름이다.

공원 중앙에는 루쉰 선생의 좌상(坐像)이 있고 뒤쪽엔 그의 묘가 있었다. 묘에는 마우쩌둥(毛澤東)의 친필을 음각(陰刻)한 魯迅先生之墓(루쉰선생지묘)란 글씨가 선명하게 돋보인다.

매헌(梅軒) 윤봉길(尹奉吉) 의사의 자취를 찾기 위해 공원을 둘러 봤다. 아무 흔적도 없다. 홍커우공원에 당연히 있어야 할 매헌은 없고, 루쉰만 홀로 잠들어 있을 뿐이다.

1932년 4월 29일, 일본 천황의 생일인 천장절(天長節) 기념 행사와 전승 축하식이 열린 기념식장에 폭탄을 던져, 홍커우공원을 찾는데 한몫을 한 윤봉길 의사다.

이에 장제스(蔣介石)도 '중국의 백만 군대가 하지 못한 일을 한국의 한 의사(義士)가 능히 하니 장하다.'고 격찬했다 한다.

그러나 공원에 루쉰의 집은 있되 윤봉길의 집은 없다. 윤 의사의 넋은 아직도 머물 곳을 찾기 위해 공원을 맴돌고 있으리라. 서운한 마음을 달래며 임시정부 청사가 있다는 곳으로 발길을 돌렸다. 그곳에 가면 내 나라 선열들의 체취가 살아 숨 쉬고 있을 것이란 기대가 컸다.

상하이시 마당로(馬當路), 구식 건물엔 시(市)에서 지정한 관광 명소란 작은 간판이 걸려 있다. 생각보다 초라한 느낌을 준다.

안내양을 따라 들어선 곳은, 방 한 칸 정도의 크기였다. 그곳에서 임시정부의 내력을 들었다. 듣고 나서야 이곳이 임시정부의 청사가 아님을 알았다. 여기는 중국 정부가 한국 관광객을 상대로, 안내문, 사진, 배지 등을 판매하고 관광 수입을 올리는 장소였다. 임정 청사는 바로 뒤편에 있는 연립 주택이었다. 그곳은 개인 소유의 집이라 주인이 외부인들의 잦은 출입을 싫어한다고 했다.

그 집을 보고 싶었다. 그러나 철 대문이 굳게 닫혀 있다. 벌써 성급한 사람들은 문밖에서 사진을 찍고 있다. 문 앞으로 가 보았다. 문을 열고 반기는 사람은 없었지만, 닫힌 문에서 낯익은 숫자를 발견할 수 있었다. 三O六, 그동안 두 번이나 우연히 만난 숫자를 여기서도 보게 된 것이다.

언젠가 덕산(德山)에 있는 윤봉길 의사의 사당과 생가를 찾은 적이 있고, 김구 선생이 머물렀다는 마곡사에서 선생의 영정 앞에 분향한 적도 있다. 그분들의 영(靈)이 306이란 숫자를 나와 인연 지어 준 것일까?

306호는 내가 사는 집이다. 그러나 이곳 三O六 번지는 우리 민족의 집인 것이다. 선열의 넋이 살아 숨 쉬고 민족혼의 심지에 불을 댕겼던 자리가 아니던가. 하지만, 여기에 김구 선생은 없고 낯선 사람만 살고 있을 뿐이다.

남의 집에 세 사는 것도 고달픈 일이거늘 하물며 집 없는 선열들의 설움은 오죽하겠는가.

오늘의 나의 편안함도 사실은 조국을 위해 가신 임들의 피 흘린 결과가 분명할 진데, 독립의 웅지(雄志)를 키웠던 홍커우 공원이나 임정 청사에는 선열의 넋이 서릴 자리가 없구나.

허전한 마음에 하늘을 본다. 멀리 떠 있던 구름이 상하이 하늘을 드리우고 있다. 구름아, 너는 아는가. 이국(異國) 나그

네의 서글픈 심정을.

*이글은 1992년 쓴 글이라 현재 상황과 많이 다를 수 있음을 밝혀둔다.

작가연보

1951. 12. 7.(음력) 충남 부여군 장암면 의자로691번길 13-4(장하리 294번지)에서 부 최재원(崔在元), 모 신순식(申順植)의 2남 2녀 중 차남으로 출생, 호 여강(如江)

학력

1958. 3. ~ 1962. 2. 부여 남산초등학교
1962. 3. ~ 1963. 2. 부여 소사초등학교
1963. 3. ~ 1964. 2. 부여 남산초등학교
1964. 3. ~ 1965. 8. 논산대건중학교
1965. 9. ~ 1967. 2. 부여중학교
1967. 3. ~ 1970. 2. 부여고등학교
1971. 3. ~ 1975. 2. 충남대학교
1983. 3. ~ 1986. 2. 충남대학교 교육대학원(교육학 석사)

경력

1975. 3. ~ 2000. 8. 천안공고, 충남기계공고, 대전산업정보고등학교 교사
1998. 9. ~ 1998. 12. 기계과 교원 독일 교육연수 (독일 다름슈타트 기술과학대학, 응용기술대학)
2000. 9. ~ 2001. 8. 대전삼천중학교 교감
2001. 9. ~ 2004. 2. 대전광역시 동부교육지원청 장학사
2004. 3. ~ 2005. 2. 대전문정중학교 교감
2005. 3. ~ 2007. 2. 대전광역시 동부교육지원청 장학관(중등교육과장)
2007. 3. ~ 2011. 2. 대전버드내중학교 교장
2011. 3. ~ 2014. 8. 충남기계공고 정년퇴임

문학 활동

1973. 5.『여성동아』 5월호에 산문「제 5계절을 위한 대화」 발표
1980. 5.『수필문학(구. 수필문학)』에 수필「주름」발표
1980.『에세이문학(구. 수필공원)』 겨울호에 수필「얼굴을 가리는 사나이」 발표
1989.『에세이문학(구. 수필공원)』 봄호에 수필「쓸쓸한 장례식」발표
1990.『에세이문학(구. 수필공원)』겨울호에 수필「술과 나」발표
1991. 11. 월간『수필문학』에서 수필「매월당의 자화상」으로 등단
1992.『중도일보』에「중도춘추」 연재
1997. 제16회 한국수필가협회 세미나에서 주제 발표
1998. 9.『수필과비평』 9·10월호에「화제의 작가」로 선정
2007.『중도일보』에「교육단상」 연재
2013.『문학관』에서「오늘의 한국 대표수필 100인선」에 선정
2014. ~ 2016. 월간『해군』지에「해군과 함께하는 문화탐방」연재
2015. ~ 2016.『수필문학』에「5매 수필」연재
2015.『수필예술』에「수필예술 35년의 발자취」수록
2015 ~ 2016.「충남수필문학사(1875~2014)」집필(충남문화재단)
2016 ~『수필춘추』에「역사 수필」연재
2019. 3. ~ 6.「대전문학관 기획전시 중견작가전Ⅱ」참가

문학단체 활동

1976. ~ 1984. 한국문협 천안지부 회원
1981. ~ 대전수필문학회(대전·충남수필문학회) 창립회원으로 사무국장, 회장 역임
1990. ~ 대전문인총연합회 회원
1992. ~ 수필문학추천작가회 회원
1992. ~ 한국문협 대전광역시지회 회원, 이사, 수석부회장(현)

1996. ~ 한국수필가협회 이사
2002. ~ 한국수필문학가협회 이사
2015. ~ 2018. 한국문인협회 재26대 인성교육개발위원
2019. ~ 2020. 한국문협 대전광역시지회 운영자문위원
2019. ~ 한국문인협회 이사
2020. ~ 월간 『수필문학』 편집위원
2021. ~ 계간 『수필춘추』 상임이사

수상

2002. 6. 제1회 수필춘추(현산) 문학상
2007. 6. 제25회 한국수필문학상
2007. 12. 제19회 대전문학상
2018. 10. 제4회 박종화문학상
2019. 12. 제10회 인산기행수필문학상
2020. 6. 제30회 수필문학상
2020. 7. 2020 호미문학대전(수필부문) 수상
2021. 12. 제1회 동원문학상

수필집

2018. 『장경각에 핀 연꽃』
2020. 『한국인의 두 얼굴』
2021. 『보일 듯 말 듯』
2022. 수필 선집 『노인의 선물』

교육활동(기능경기대회 및 기능사격시험 관련)

1978. 4. 충청남도기능경기대회 심사위원(가스용접)

1979. 4. 충청남도기능경기대회 심사위원(가스용접)
1981. 4. 충청남도기능경기대회 심사위원(배관)
1983. 4. 충청남도기능경기대회 심사위원(배관)
1984. 4. 충청남도기능경기대회 심사위원(배관)
1984. 5. 국가기술자격검정 시험위원(전기/가스용접) 국방부장관
1984. ~ 1986. 국가기술자격검정시험 출제전문위원 한국산업인력공단
1985. 4. 충청남도기능경기대회 심사위원(공업배관)
1990. 5. 대전·충남기능경기대회 심사장(배관)
1997. 4. 대전·충남기능경기대회 심사위원(차체판금)
1997. 10. 제32회 전국기능경기대회 심사위원(차체판금)
1998. 4. 대전광역시기능경기대회 심사위원(배관)
2001. 7. 제36회 전국기능경기대회 심사위원(배관)
2005. 9. 제40회 전국기능경기대회 심사위원(배관)

교육활동(교과 관련)

1981. 5. 『산업배관』 일반 발간(성안당)
1985. 3. 1종도서(국정교과서) 편찬심의위원(배관·제관실습) 교육부장관
1985. 3. 공업계고등학교 1종도서 집필(배관) 교육부장관
1990. 3. 1종도서 편찬심의위원(판금용접실습) 교육부장관
1991. 3. 1종도서 편찬심의위원(소성가공) 교육부장관
1992. 3. 1종도서 편찬심의위원(용접) 교육부장관
1993. 3. 공업계고등학교 1종도서 집필(배관제관실습) 교육부장관
1995. 5. 1종도서 편찬심의위원(기계일반) 교육부장관
1996. 3. 공업계고등학교 1종도서 집필(배관실습) 교육부장관
1996. 3. 1종도서 편찬심의위원(판금용접실습) 교육부장관
1997. 3. 1종도서 편찬심의위원(판금·용접) 교육부장관

교음명작신서 070
한국현대수필작가 대표작선집

노인의 선물

2022년 8월 20일 초판 인쇄
2022년 8월 25일 초판 발행

지은이 / 최중호
발행인 / 강병욱

발행처 / 도서출판 교음사
편집처 / 隨筆文學社 出版部

03147 서울 종로구 삼일대로 457 수운회관 1308호
Tel (02) 737-7081, 739-7879(Fax)
e-mail gyoeum@daum.net
등록 / 제2007-000052호

* 잘못된 책은 바꿔 드립니다. 값 8,000원

ISBN 978-89-7814-871-9 04810
ISBN 978-89-7814-200-7 (세트)